Anne Morrow Lindbergh

A Oriente por el norte

Anne Morrow Lindbergh

A Oriente por el norte

Traducción de Blanca Gago

Nørdicalibros

Título original:
North to the Orient

C/ Doctor Blanco Soler, 26 · 28044 Madrid
Tlf: (+34) 91 705 50 57 · info@nordicalibros.com
Primera edición: enero de 2025
ISBN: 979-13-87563-01-1
Depósito Legal: M-27698-2024
IBIC: WTL
Thema: WTL

Impreso en España / *Printed in Spain*
Imprenta Kadmos
(Salamanca)

Diseño: Nacho Caballero
Maquetación: Diego Moreno
Corrección ortotipográfica: Victoria Parra y Ana Patrón

ÍNDICE

PRÓLOGO

Tal vez un prólogo esté pensado para quien escribe, más que para quien lee. Llega un momento en que el texto escrito, incluso si son unas memorias de viaje, se alza para exigir una justificación, requerir una explicación. Se pregunta: «¿Quién soy? ¿Cómo me llamo? ¿Por qué estoy aquí?». Nos cierra el paso y no hay manera de esquivarlo. Entonces hay que sentarse con calma y responder a esas preguntas mediante un prólogo.

La introducción, en este caso, me parece más necesaria que nunca porque la insólita colección de capítulos que tengo ante mí y que pretenden componer el relato de un viaje aéreo, escapa de toda clasificación y no encaja en los patrones y las medidas convencionales, sino que se erige torpe, tímida y sin nombre para exigir una presentación.

Quizá lo más fácil sea presentar el relato de forma negativa, esto es, explicando lo que no es para despejar la maleza de ilusiones, de modo que ni quien escribe ni quien lee se enmarañen en la decepción con lo que sigue.

No he escrito el informe técnico de un vuelo de reconocimiento por la ruta del gran círculo de Nueva York a Tokio. No sé lo suficiente como para escribir algo así y, aunque lo supiera, el tiempo indicado para ello ya habría pasado. La aviación ha cambiado mucho en cuatro años.

Mi relato tampoco constituye una fuente de conocimientos geográficos. No realizamos ningún mapa, y ni siquiera llevé un recuento exacto y científico de todos los territorios por los que pasamos. En este sentido, no constituye una guía. Nuestras paradas fueron tan breves y apresuradas que solo ha quedado de ellas un esbozo superficial. Tampoco he descrito todos los lugares que visitamos en la ruta, sino solo aquellos que, a mi parecer, justifican un retrato por la viveza de las impresiones percibidas.

Entonces, ¿qué es esta recopilación de textos? ¿Cómo explicarla? ¿Por qué la escribí? Siempre está presente, desde luego, la satisfacción de anotar las propias experiencias para conservarlas, atraparlas y cristalizarlas, hacer acopio de ellas y ponerlas a buen resguardo del invernal olvido. El tiempo suele jugar malas pasadas, al menos en mi vida, y escribir es una forma personal y trivial de preservar quienes fuimos una vez. También hay otra satisfacción personal, compartida con todos aquellos que gustan de relatar sus aventuras: los que llevan un diario, cuentan historias, escriben cartas…, una extraña raza de gente que siente que una experiencia vivida es engañosa a menos que la cuente. No existe de verdad hasta que no se pone en palabras. Es como si dudaran o se aburrieran de ella, como si no fueran capaces de verla hasta poder repetirla. Y es que, aunque suene paradójico, cuanto más irreal se vuelve una experiencia —traspuesta de la acción real en palabras irreales, símbolos muertos de la propia vida—, más vívida resulta. Y no solo parece más vívida, sino que su núcleo esencial se esclarece. Así, podemos contar exaltados a nuestros oyentes: «Fue muy extraño, no sabes cuánto… Sentí que…», aunque en realidad, en el momento del incidente, no fuéramos conscientes de esa emoción, que solo se nos revela con el relato. Es tan inexplicable como pasarse la tarde contemplando una piedra gris en la playa y no caer en la cuenta, hasta que no la pintamos en un lienzo, de que en realidad es azul brillante.

¿Y cuál es la piedra azul brillante de nuestro viaje? ¿Qué cualidad esencial se ha desvelado con el relato? No se halla solo en el vuelo, y tampoco en los lugares visitados por sí mismos, ni en el tiempo, sino en una peculiar mezcolanza de los tres elementos, que resulta en una cualidad mágica, una cualidad que pertenece a los cuentos de hadas. No es que llegáramos al lago Baker el 3 de agosto en avión, sino que tres horas de vuelo nos llevaron del moderno puerto de Churchill a un lugar que nunca antes había pisado una mujer blanca. No es solo que voláramos del lago Baker a Aklavik en doce horas bajo el sol de medianoche, sino que mientras sobrevolábamos aquellas tierras grises y baldías al sur de Tierra Victoria, tan aislada y salvaje como la luna, pude oír por los cascos la ruidosa cháchara de las grandes ciudades sobre los confines del mundo. En Punta Barrow, en el extremo norte, volamos hasta un asentamiento aislado que aún estaba esperando el cargamento de provisiones para ese año; retomamos el vuelo, tan autónomos como el viento; pasamos de largo el barco bloqueado por el hielo abajo, muy lejos, en el mar, y proseguimos nuestro camino a Nome. Sobre las islas Chishima envueltas en niebla, la radio nos informó del tiempo y de los puertos que teníamos por delante. Un pescador descalzo nos llevó a su cabaña de paja cuando aterrizamos con mal tiempo en Kunashir. A la mañana siguiente, entre cielos despejados, después de veinte minutos de vuelo, llegamos a Nemuro y a la civilización. Y en China, aunque debajo no teníamos otra cosa que inundaciones, estábamos a poca distancia de la comida y la seguridad.

Fue un acto de magia causado por una colisión de métodos antiguos y modernos, de historia antigua y moderna, de accesibilidad y aislamiento. Fue un acto de magia cuya chispa solo podía encenderse en ese momento. Unos años antes, desde la perspectiva técnica, habría sido imposible llegar a esos lugares en avión; y unos años después ya no existiría ese aislamiento.

Tal vez un mago real solo está unos cuantos pasos por delante de su asombrado público, como el yanqui en la corte del rey Arturo que fue capaz de profetizar el eclipse. Nuestro aeroplano moderno solo estaba unos cuantos pasos por delante de la vida en el lago Baker, en Barrow y en Kunashir, y por eso el encuentro fue maravilloso, tanto para nosotros como para ellos. Solo hay que asomarse a ese abismo entre la accesibilidad y el aislamiento —estrecho y, por tanto, posible de travesar, pero profundo como el tiempo— para valorar lo que puede salvarlo. Porque aunque es muy fácil frotar la lámpara y que se cumpla el deseo, o decir *abracadabra* y lanzarse a volar sobre una alfombra, a veces la magia falla. La lámpara se rompe, la palabra se olvida o una chispa prende fuego a la alfombra, ¿y dónde estamos? Al este del sol y al oeste de la luna, y debemos buscar el camino a casa solos, caminando a duras penas entre las espinas.

Siempre hay una escalera de atrás para la magia, y es bueno tenerla presente, saber dónde está y cómo bajar por ella. La escalera de atrás de la magia de la aviación a veces es un paracaídas y, a veces, un bote salvavidas de goma; pero también puede ser un tubo del equipo de radio, un sextante, una ración militar, un chaleco salvavidas, un suero contra la mordedura de serpiente, una tienda con mosquitera, un revólver, una brújula o incluso un par de buenas botas. Siempre hay que estar pensando, no solo «trece horas de gasolina nos llevarán hasta Aklavik», sino también «si el motor se avería en el camino, tenemos comida para caminar treinta días hasta un puesto».

Las escaleras de atrás son de importancia capital, casi tan importantes como las principales, hasta el punto de que podríamos decir que, sin aquellas, estas no existirían. Así, pido disculpas de antemano por haber prestado especial atención a las escaleras de atrás en este relato.

He escrito, pues, la experiencia de ese verano en un intento de capturar parte de la magia, en un intento de capturar una fase de la historia de un viaje que tal vez sea irrepetible y, por tanto, merece la pena anotar.

Porque la magia se escapa, a menos que la fijemos por escrito. ¿Quién podría imaginar, si no fuera por Hans Christian Andersen, que tres enormes perros a cuál más grande, con ojos como sartenes, se esconden en un yesquero; o que unos chanclos de aspecto ordinario pueden llevar a la luna; o que si nos sentamos sobre un viejo cofre y apretamos la cerradura, podremos salir precipitados hacia los cielos?

«Salir precipitados hacia los cielos —repite alguien sonriente—, ¡pero eso ya no es un cuento de hadas! ¡Es casi la vida más cotidiana!». Exacto, está justo ahí. El cuento de hadas de ayer es el hecho de hoy. El mago camina solo un paso por delante de su público. Debo escribir este relato antes de que sea demasiado tarde.

I

A ORIENTE POR EL NORTE

Llegar a Oriente por el norte no es una aventura nueva. La idea debió de surgir poco después del descubrimiento de América. Esa gran «isla» que se extendía a través de la ruta frustró los planes de los primeros exploradores que ansiaban «navegar por el oeste hacia el este», pero aún quedaba una oportunidad de navegar por el norte hacia el este. En una fecha tan temprana como 1508, Sebastián Caboto pudo haber realizado el primer intento de encontrar esa ruta. Los exploradores isabelinos Frobisher y Davis, que lo siguieron, se comprometieron a realizar una larga búsqueda para encontrar un «paso a Catay por el noroeste».

En una época en que los continentes estaban unidos por primera vez gracias a la navegación, las líneas comerciales hacia Oriente se convirtieron en las más importantes y ansiosamente buscadas. Los portugueses ya habían descubierto y monopolizado la ruta por abajo, bordeando la costa de África y el cabo de Hornos. Magallanes había explorado el oeste por los dos océanos y a través del estrecho hacia China. Los isabelinos, en la fatídica expedición de *sir* Hugh Willoughby, habían intentado encontrar sin éxito un paso por el noreste, rodeando Rusia y Siberia, y ya estaban tomando la dirección contraria. Querían un «nuevo paso a Catay más cercano», y su esperanza residía en el supuesto estrecho del norte de la recién descubierta América.

Entonces, como ahora, el objetivo de cada nueva ruta era conseguir una mayor accesibilidad y rapidez. Richard Hakluyt cita a Caboto en sus *Voyages* de este modo: «Si navego por el noroeste, atajaré el camino para llegar a la India».[1] Muchos exploradores creían que si hallaban ese camino «para traer las especias desde la India hasta Europa», se convertiría en la ruta más corta y fácil.

Sin embargo, había grandes dudas con respecto a su existencia. El enigma atrajo a muchos, que empezaron a estudiarlo y entablaron serias discusiones desde varios frentes. Por una parte, se utilizaron las citas de los filósofos griegos, las leyendas de los viajeros y las teorías de los cosmógrafos para demostrar la existencia de ese paso. Por otra, varios hombres ilustrados cuestionaron la viabilidad de la ruta. Las expediciones para encontrarla habían fracasado. Cuenta la historia que el mismo Caboto, aunque creía en la existencia del paso, no consiguió encontrarlo. Empezó a bordear la costa de América del Norte, pero abandonó al comprobar que siempre se dirigía hacia el este. Además, ¿por qué el paso del noroeste no iba a ser tan frío como el del noreste, cuya búsqueda había resultado desastrosa para *sir* Hugh Willoughby? Incluso si conseguían llegar a las «islas felices» después de «un viaje tan largo, tan lleno de dolor y dudas por un camino recién hallado», ¿estarían los «bárbaros» dispuestos a negociar con ellos? ¿Les permitirían regresar los vientos y las corrientes?

---

[1] Richard Hakluyt, *The Principal Navigations, Voyages, Traffiques and Discoveries of the English Nation* (1589), Cambridge University Press, 2014. *(Todas las notas de la presente edición son de la traductora).*

El espíritu desafiante de los exploradores resonaba en la respuesta:

«La tosca canoa india navegó esos mares, los lusos, los sarracenos y los moros viajaron incansables arriba y abajo para llegar de Japón a China, de China a Malaca, de Malaca a las Molucas, ¿y van los ingleses, mejor equipados que cualesquiera de ellos, a temer navegar por ese océano? ¿Qué mares están exentos de piratería? ¿Qué navegación libre de peligros?».

No obstante, y a pesar de su valor, no lo lograron. Ningún paso se abrió antes de que, en 1576, los ávidos barcos de Martin Frobisher, seguidos por los de John Davis, lo consiguieran. La esperanza de encontrarlo crecía continuamente. Se suponía que el «estrecho» de Frobisher sería la entrada. Cada hombre que llegaba sentía que estaba un poco más cerca del objetivo, pero siempre había un accidente inesperado o alguna distracción que terminaba por alejarlo de su propósito: un motín, una tormenta, un ataque de los salvajes, fuertes corrientes, islas de hielo, la exploración del país o la búsqueda de oro. Así, el paso del noroeste seguía siendo un mito dorado que tentaba a una expedición detrás de otra hasta que, en 1906, el pequeño buque de Amundsen por fin alcanzó el estrecho de Bering y el océano Pacífico, tres años después de dejar atrás el Atlántico en el estrecho de Davis. El mito se había convertido en realidad.

En el siglo XX hemos recuperado todo eso una vez más, pero no como un mito, una hazaña para exploradores o un camino ignoto cuyo final no conocemos, sino como una ruta práctica hasta Oriente. Porque estamos acercándonos a una era de nuevas rutas transoceánicas, nuevos caminos para unir países y continentes, esta vez por aire. Y de nuevo, el objetivo es conseguir mayor accesibilidad y velocidad.

La carrera del gran círculo («la distancia más corta entre dos puntos de una esfera») de Nueva York a Tokio señala una línea recta a través de Canadá, por las orillas del océano Ártico, hacia Oriente por el norte. Esta fue la ruta que elegimos para nuestro vuelo. El hecho de que quedara «al borde de la zona helada» no implicaba que la dureza y el peligro del viaje fueran los mismos para nosotros que para los isabelinos. Lejos de disuadirnos, ambas cosas lograron incitarnos a emprenderlo. Al cruzar esa zona, queríamos ahorrarnos kilómetros y tiempo. El Ártico, señaló mi marido mientras estudiábamos el globo, hasta ahora se ha explorado, en general, en virtud de su propio interés. Una ruta aérea por el Ártico, aunque muy discutida por exploradores y aviadores, nunca se había utilizado principalmente para acortar el trayecto entre continentes. Lo que esperábamos estudiar durante nuestro viaje a Oriente eran una serie de rutas aéreas por el Ártico y las condiciones que acompañaban el trazado de cada una de ellas.

Pero quizá cabe preguntarse: ¿por qué Oriente? ¿Qué nos llevó hasta allí? Mi respuesta inmediata a esa pregunta tendría que referirse a la importancia indiscutible de las futuras rutas aéreas entre América y Japón, China y Siberia. Aun así, no sería una respuesta completa. Porque además de esta razón, desde luego práctica, había otras en juego, deslizándose por arriba y por abajo, como una marcha de acompañamiento a la melodía principal de una música; otras pequeñas razones personales y triviales que, a medida que se trenzaban sin cesar con la razón principal aquí y allá, formaban un nudo más y más fuerte que nos empujó en una sola dirección. Es difícil aprisionar con palabras esos motivos menores, esas razones triviales, caprichosas como el vuelo de las golondrinas y, a pesar de ello, al intentar derribarlas con palabras como misiles, pueden contemplarse mediante términos como *color, encanto, curiosidad, magia* o *misterio*. Porque no hay otro modo de nombrar las emociones que surgen de impresiones dispersas pero atesoradas a lo largo de la vida: un caballo de la dinastía Ming, las sílabas de *Marco Polo*, un kimono de seda, la cabeza irregular de un crisantemo, el color de un abrigo mandarín o un tazón de pétalos blancos tras la vitrina de un museo. Impresiones livianas e irrelevantes que, armadas todas juntas, componen un retrato propio de la seducción oriental.

Sin embargo, no solo nuestro destino era seductor, sino también el viaje en sí. Aparte de las consideraciones y los objetivos prácticos, y pese a las inevitables dificultades, fue un viaje fascinante, y nadie ha expresado mejor esa fascinación que el capitán George Best en los *Voyages* de Hakluyt, cuando al escribir el relato de las expediciones de Frobisher, admite las dificultades de la vida de los exploradores:

«Cuán peligroso es realizar nuevos descubrimientos, ya sea por la larga travesía, la ignorancia de la lengua, la falta de intérpretes, los aires y elementos nuevos e insólitos, las carnes extrañas e insípidas, la amenaza de los ladrones, la ferocidad de las bestias y los peces salvajes, la inmensidad de los bosques, los peligros de la mar, el pavor a las tempestades, el miedo a las rocas ocultas, las montañas escarpadas, la oscuridad de las nieblas repentinas, los dolores incesantes que no dan tregua e infinitas otras cosas».

No obstante, pese a todas esas desventajas, Best prosigue su relato señalando las compensaciones con entusiasmo:

«Cuán agradable y provechoso es realizar nuevos descubrimientos, ya sea por las variadas visiones y formas de las bestias y los peces más extraños; los maravillosos trabajos de la naturaleza; las distintas maneras y costumbres de las diversas naciones; los variopintos gobiernos; el espectáculo de árboles, frutos, animales y tejidos singulares; los infinitos tesoros de perlas, oro y plata; la novedad de las tierras descubiertas; las diversas posiciones de la esfera e infinitas otras cosas».

Y aunque no éramos exploradores en el sentido más isabelino del término, pudimos compartir su punto de vista. Los viajeros siempre son exploradores, sobre todo los que viajan por los cielos, donde no hay letreros que muestren el paso anterior de otro ser humano ni vías que indiquen el camino. El aviador se adentra cada segundo en nuevos mares inexplorados.

A nosotros, que recorríamos territorios desconocidos, nos aguardaban momentos solemnes e impresionantes en los que, al divisar desde arriba las tierras remotas, nos dábamos cuenta de que nadie había accedido jamás a aquella visión, tan fresca e intacta como la nieve caída por la noche al amanecer. Eran lugares que no habían cambiado desde el día en que se crearon. Entonces buscábamos aterrorizados alguna señal visible que hubiera atravesado con la luz del ojo humano la oscuridad de un mundo hasta ahora invisible. Sentíamos que la mirada intrusa dejaría alguna huella, cierta impronta, como la piedra quebranta la quietud indemne de un estanque.

Nuestra ruta era nueva, con aires jamás recorridos y condiciones ignotas; las historias eran míticas y los mapas, blancos, rosas, indefinidos salvo por unos cuantos nombres al este de nuestro trayecto, para mostrar que alguien antes que nosotros había dirigido la proa del barco a Oriente por el norte.

2
LOS PREPARATIVOS

Para la mayoría de la gente, volar lleva implícita la noción de libertad. Casi todos los que alzan la vista al cielo entre los muros de la calle de una ciudad al oír el zumbido de un motor y ven un aeroplano abriéndose paso a través del azul claro y sin huellas que se extiende por encima, dejan a un lado la imaginación para, tal vez, pensar para sus adentros con indiferencia: «¡Libre como un pájaro! ¡Vaya manera de viajar! Sin carreteras, sin tráfico, sin polvo, sin calor…, ¡despegar y hala!».

En esa frase dicha a las bravas se tiende a pasar por alto lo que subyace bajo la palabra *libre*, se tiende a olvidar —o acaso nunca se ha tenido conciencia de ello— los siglos de esfuerzos que por fin han permitido que el ser humano vuele: siglos de paciente anhelo que se remontan, como poco, al mundo griego de Ícaro. Y es que Ícaro, que trató de surcar los cielos con sus alas de cera, es una expresión precoz del deseo humano de volar. Nadie podría decir cuánto tiempo, antes de la aparición del mito, anidó ese deseo tácito en la mente humana.

Puesto que el vuelo no es una función natural para nosotros, sino algo que nos hemos ganado después de siglos de empeño; puesto que lo hemos conseguido a base de trabajo arduo y no de meros tropiezos; puesto que lo hemos construido poco a poco y no mediante un repentino descubrimiento, no puede quedarse suspendido como la palabra *libertad* queda suspendida en la mente. Muy al contrario: se asienta con firmeza en un entramado de leyes, normas y principios que el avión y el ser humano deben acatar por igual. Reglas de construcción, rendimiento y dotación, para uno, y de entrenamiento, salud, experiencia, habilidad y juicio, para el otro.

El ser humano no solo debe conocer cómo se ha hecho su avión, qué es capaz de hacer y cómo debe cuidarlo, sino también —por mencionar solo unas pocas leyes que lo gobiernan— cuál es el techo de su avión, si será capaz de elevarse lo suficiente como para sortear cualquier elevación del terreno, qué capacidad de combustible tiene, cuán lejos lo llevará, cuáles son los puntos para repostar en la ruta, cómo surcar un cielo sin indicaciones, dónde podrá aterrizar a pasar la noche, dónde podrá reparar la máquina en caso de emergencia, qué condiciones meteorológicas encontrará en el camino y, volviendo a las escaleras de atrás, con qué equipamiento contará en caso de un aterrizaje forzoso. Todo eso debe saber antes de ganarse la libertad de pájaro, antes de seguir la línea recta que ha trazado en el mapa, directa, sin desviaciones, proverbial «como el cuervo que alza el vuelo».

Las firmes líneas negras que trazamos a través de Canadá y Alaska, como preparación a nuestro vuelo, conformaban una ruta que, en la rectitud de su propósito y su aparente inconsciencia de las fuerzas externas, parecía tan infalible e irresistible como la trayectoria de un cometa. Esas firmes líneas negras se traducían en una libertad lo bastante real y ganada con mucho esfuerzo, posible solo gracias a meses, en realidad años, de preparación.

Es cierto que, como viajeros aéreos, nos librábamos de muchas dificultades que habían acuciado a los primeros exploradores terrestres en busca de un paso por el noroeste. Nuestro veloz monoplano podía llevarnos muy alto, por encima de la mayoría de los peligros mencionados por el capitán George Best: «las montañas de hielo en el mar helado [...], la ferocidad de las bestias y los peces salvajes, la inmensidad de los bosques, los peligros de la mar, el pavor de las tempestades, el miedo a las rocas ocultas». Sin embargo, en cualquier comparación entre los primeros navegantes y nosotros, surgían muchas otras desventajas que compensaban esas ventajas.

Los primeros viajeros, aunque confinados en las aguas navegables y restringidos por su lentitud, se veían favorecidos por un suministro ilimitado de combustible. Allá donde se dirigieran y por muy larga que fuera su estancia, podían contar con el viento para empujar sus naves. Tal vez surgieran dificultades a la hora de manejarlo, tal vez habría que persuadirlo aquí, combatirlo allá, pero nunca se verían del todo desprovistos de él. Era inextinguible. Nosotros, en cambio, teníamos que planificar y distribuir el combustible, disponer los puntos de suministro en la ruta y asegurar la provisión, a veces enviándola de antemano en barco o en tren, otras veces utilizando reservas ya almacenadas en el norte.

Y aunque ellos tenían que prepararse para un tiempo más largo, nosotros debíamos prepararnos para un mayor espacio —norte y sur, mar y tierra— y, por tanto, unas condiciones más variadas. Nuestro equipamiento debía ser tan completo como el suyo, mientras que nuestra capacidad de carga era mucho más limitada, tanto en peso como en volumen.

Nuestra nave, Sirius, con un motor radial de seiscientos caballos de potencia, estaba equipada con tanques de gasolina que podrían durar unos tres mil doscientos kilómetros, así como de pontones, una especie de flotadores que nos permitirían aterrizar en la bahía de Hudson, en los numerosos lagos del interior de Canadá, a lo largo de las costas de Alaska y Siberia y entre las islas japonesas. El equipaje general debía incluir, entre otras cosas, instrumentos para el vuelo sin visibilidad y el vuelo nocturno, aparatos de radio y orientación y servicios para repostar y aterrizar —teníamos un ancla de diez kilos y una cuerda embutidas en un pequeño compartimento de los pontones—. Además del equipaje general indispensable para el vuelo diario, debíamos contar con una gran cantidad de suministros de emergencia: un kit de reparación y materiales de reparación, un bote de goma, una vela, remos, un aparato de radio de repuesto a prueba de golpes y de agua, paracaídas, material de acampada, provisiones, armas de fuego y munición, un botiquín completo, trajes de vuelo de abrigo, botas y muchos otros artículos.

Las contingencias que había que cubrir eran numerosas y muy variadas. Debíamos considerar la posibilidad de tener que saltar en paracaídas y llevar en los bolsillos del traje comida concentrada y un kit compacto de primeros auxilios. Teníamos que estar preparados para un aterrizaje forzoso en el norte, donde necesitaríamos mantas y ropa de abrigo; en el sur, donde era necesaria una tienda con mosquitera; y en el mar, donde, además de comida, precisaríamos una buena cantidad de agua.

Con todo, no debíamos exceder el límite de peso. Cada objeto que nos llevábamos debía ser bien pesado y sopesado. El peso en kilos debía contraponerse a su valor en utilidad. Durante semanas antes de la partida, el suelo de nuestra habitación estuvo cubierto por amplias y desordenadas pilas de equipaje. Mientras mi marido supervisaba el trabajo en el avión, los montones exhibían carteles de «No molesten» durante todo el día. Al llegar la noche, nos dedicábamos a reordenarlos. Apilábamos las cosas que decidíamos llevarnos contra una pared: el bote de goma, los trajes de vuelo, guantes, cascos y leotardos amontonados en total desbarajuste. En mitad de la habitación estaba la báscula blanca del bebé y una enorme montaña de equipaje sobre el que no acabábamos de decidirnos. Al otro lado, en la alfombra frente a la chimenea, yacía una tercera pila de cosas descartadas —la más desordenada con diferencia—.

Yo me sentaba en mitad de las latas y me ponía a hojear un libro con tablas de calorías, comentando de vez en cuando: «A ver, los tomates no tienen mucho poder calorífico, pero previenen el beriberi. Toda la tripulación de Magallanes enfermó de beriberi, ¿recuerdas?» o «las galletas no tienen muchas calorías, pero pueden llenar el hueco que queda una vez consumida la ración militar diaria».

Mi marido añadía y sustraía elementos de las listas una y otra vez:

—Esta pistola puede matar pájaros si necesitamos comida, pero cada bala pesa unos cincuenta gramos, y el arma, más de dos kilos. ¡Piensa en la comida que supone eso!

—O zapatos —decía yo. Los zapatos eran lo más pesado del equipaje personal. Yo trataba de limitarme a dos pares. Nos habíamos fijado un límite de ocho kilos cada uno, incluida la maleta.

Me imaginaba entrando en una tienda y diciendo: «Quiero unos zapatos para poder llevar a un baile, una cena, un té y una recepción, y también que combinen con un vestido informal y sirvan como zapatillas de andar por casa».

«¿Algo más, señora?», me respondería perplejo el dependiente.

«Bueno, sí… Me gustan los tacones bajos».

«Pruebe en la sección de jovencitas», me aconsejaría, deseoso de librarse de mí cuanto antes.

De todos modos, mis preparativos no solo consistieron en rastrear zapatos imposibles en la sección juvenil de los almacenes. La parte decisiva de mi trabajo consistía en aprender a operar la radio del avión. Empezó cuando mi marido se lanzó a explicarme lo seguro que sería el viaje.

—Aquí tendremos que usar pontones en lugar de ruedas, claro —señaló enfrascado en el mapa de Canadá, un día durante los comienzos de los preparativos.

—¿Pontones en toda esa tierra seca? —pregunté.

—Sí, porque en el norte del país es muy fácil aterrizar sobre un lago. De hecho, los pilotos canadienses siempre usan hidroplanos. Y al descender en la costa de Siberia, es posible que encontremos aguas abrigadas para aterrizar… Además, en una emergencia, también podremos bajar a aguas abiertas en el mar. —Arqueé una ceja a modo de respuesta—. Y si el avión queda muy dañado por el aterrizaje, tenemos el bote salvavidas.

—Charles, si aterrizamos en mitad del mar de Bering, ¡nos quedará un largo trecho que remar hasta Kamchatka! —objeté.

—Podríamos remar hasta la orilla, pero sin radio no tenemos muchas posibilidades de que nos encuentren… —concedió. Y entonces añadió decidido—: ¡Tenemos que llevar una radio!

—¿Tú sabes operar la radio? —«Ya sé lo que viene después —pensé—. Veo con toda claridad lo que va a ocurrir».

—Bueno, un poco. Aprendí en Brooks —respondió, y volviéndose hacia mí precisó—: Pero la radioperadora vas a ser tú.

—¡Oh! —«Ya estamos», pensé—. Bueno, veremos.

Al día siguiente volvió a casa con un pequeño set de timbres y llaves conectados a dos pilas secas para practicar. Cuando apreté una de las llaves, se oyó un chirrido que atrajo a cuatro perros y un bebé gateador al dormitorio. Armándome de valor, proseguí con un código Morse a mano, tratando de poner mi nombre en puntos y rayas, como si estrenara una nueva y flamante pluma: «pip-tuu, tuu-pip, tuu-pip, pip».

Por las noches empezó a venir a casa un radioperador profesional para enseñarnos a recibir mensajes. La práctica me recordaba los dictados de Francés en la escuela, donde iba copiando todas las palabras hasta que, de pronto, tropezaba con una difícil, y al final, tras una esforzada lucha, tres o cuatro palabras después, me rendía al pánico y dejaba que el oscuro flujo lingüístico me desbordara, renunciando a todo intento de contener la marea.

Mientras tanto, Charles se había puesto a trabajar con unos expertos de Pan American Airways para instalar un equipo de radio en el avión. Nos enteramos de que, para operar más allá de las llamadas de emergencia, necesitaríamos una licencia de tercera clase.

—Aquí está —dijo Charles mientras hojeaba un libro sobre regulación de radios—. «Los aspirantes [...] deben aprobar un examen de transmisión y recepción del Código Morse Internacional a una velocidad de quince palabras por minuto [...], así como una prueba teórica y práctica consistente en preguntas de comprensión sobre el manejo y mantenimiento del tubo de vacío y las leyes y regulaciones de la radiocomunicación».

—«... preguntas de comprensión sobre el manejo y mantenimiento del tubo de vacío» —leí por encima de su hombro—. Bueno, Charles, sabes muy bien que no puedo hacer eso. En mi vida he sido capaz de aprobar un examen de aritmética. En el instituto tuvieron que darme clases particulares de física elemental. Nunca he entendido ni jota de la electricidad desde el momento en que el ser humano empezó a frotar el lacre y las pieles.

—Una pena que no te lo tomaras más en serio —dijo sin asomo de piedad—, pero aún no es demasiado tarde. Empezaremos esta noche. Yo no sé mucho de radio, así que estudiaremos juntos.

Esa noche nos sentamos frente a un par de cuadernos nuevos a estrenar y sendos lápices de punta afilada.

—Podemos empezar por el tubo de vacío —dijo nuestro instructor.

—Podemos —repetí, como si estuviera en la sala del dentista—. También podemos empezar por la muela del juicio.

Comenzó a dibujar diagramas jeroglíficos en el cuaderno, omitiendo un rápido y sencillo esbozo de la teoría. Cuando ya se disponía a emprender el segundo diagrama, interrumpí:

—¡Un momento! Antes de que pasemos a otra cosa, ¿dónde está el tubo de vacío?

El semblante del instructor adquirió una expresión de incredulidad mezclada con asombro, para luego pasar directo a la mera piedad.

—Pero ¿no lo ves...? —dijo muy despacio, como si hablara a una niña—. Mira, es esto. —Y volvió a empezar.

—¡Ah, ahora lo veo! —dije esforzándome en remarcar las palabras con el mayor énfasis, como si la cosa hubiera sido un pequeño detalle que se le había escapado. Pasamos al diagrama siguiente. Enseguida asumí mi papel, cuya dinámica me resultaba muy familiar, pues lo había desempeñado en incontables ocasiones: sentarme en silencio, confusa, a escuchar largas explicaciones que fingía entender porque podía repetir la última frase pronunciada: «Esto, a su vez, crea un campo magnético en las bobinas del transformador». El único rayo de luz que me asomaba a la mente en esos momentos era, como siempre había sido, el siguiente pensamiento: «Después de la clase conseguiré que alguien me lo explique».

El método funcionó de maravilla. Con la ayuda de los diagramas, los libros del instituto y las explicaciones de Charles conseguí presentarme al examen, que tuvo lugar un día sofocante en un aula sin ventilación. Salí antes que él sin haber llegado a la parte de la «teoría de regeneración en el tubo de vacío». Él sacó mejor nota.

La parte práctica fue bastante más fácil, pese a que las largas horas de trabajo con el set de los zumbidos en el silencio del dormitorio me dieron una especie de falsa confianza. El tic, tic, tic metálico de las llaves entre telas indianas, alfombras y almohadas parecía bastante nítido y profesional; impresión que no tardó en desvanecerse en el solemne escenario de un hangar. El día del examen desenrollaron la antena y la colgaron de una viga. Un radioperador desconocido de algún lugar de Long Island había accedido a escucharnos. Lo llamé temblorosa tres veces. Sentí mi propia llamada como un silbido en los cascos. ¿Se me olvidarían las letras? No, emanaron de los dedos como por instinto mientras las leía en el cuaderno. «¿Quién… está… ahí?», recibí como respuesta. Tenía que escribir las letras a medida que llegaban. Como aún era principiante, solo captaba las letras una a una, no podía retener palabras enteras.

«Anne... Lindbergh... ¿qué... tal... la... emisión?», garabateé en el cuaderno antes de pasar a los golpeteos. Los dedos aún no me podían leer la mente, solo las palabras escritas en el papel.

«Bastante... bien», las letras se deslizaban despacio ante mí mientras las escribía, «pero... un... poco... marcada... en... los... puntos». (Me parecía divertidísima esa conversación tan lenta con un extraño de algún sitio de Long Island). «Igualita... que... mi... mujer».

Sonreí en la cabina de mando. ¡Qué extraño sentir que conocía a un desconocido solo por una frase en la radio! «¡Igualita que mi mujer!». Era capaz de percibir su tono de voz, la inflexión, el énfasis en la *l*; ese tono medio quejica, medio hastiado, medio divertido, medio desdeñoso... ese tono tan propio de un marido: «Igualita... que... mi... mujer». Sí, aún me quedaba, desde luego, mucho por aprender.

Pensábamos que llevábamos los preparativos muy bien. Charles había consultado al Departamento del Estado de Washington y teníamos localizados los puntos de gasolina en la ruta, habíamos acabado los pontones e instalado una radio del tipo que Pan American Airways empleaba en las rutas de Sudamérica y ya éramos radiooperadores de tercera clase. Fue entonces cuando nos dimos cuenta de lo poco que habíamos hecho: a la mañana siguiente de anunciar nuestro viaje, los periódicos tuvieron a bien inundarnos con información que no conocíamos. Planearon nuestra ruta, nuestras paradas, las distancias y el gasto de combustible con todo detalle. (¿Quién se habría molestado en calcular todas aquellas operaciones aritméticas en tan poco tiempo?, pensé llena de compasión. Con lo que odio pasar litros de gasolina a revoluciones por minuto y luego a kilómetros). Alguien se dedicó a recabar estadísticas de los últimos años sobre el tiempo, el viento y las condiciones de vuelo por el Ártico. Otros se ocuparon de fisgonear entre los viajeros conocidos que habían recorrido Canadá, Alaska, Siberia, Japón y China a pie, en barco, en tren o en avión y recopilaron toda la información disponible. Innumerables guías de viaje, diarios y enciclopedias se consultaron hasta altas horas de la mañana para forjar aquel gran corpus de información turística. «Lo que verán los Lindbergh», «Lo que deberían visitar los Lindbergh», «Lo que podría interesarles». Seguro que muchos pasaron noches en vela a causa de todo ese asunto. Me sentí bastante culpable sentada en mi cómoda butaca leyendo sobre «los peludos ainus, salvajes habitantes de las islas Chishima» y «los primitivos inuits, que chupan los ojos del pescado crudo».

Fue maravilloso leer sobre todos ellos, ya que nunca vi a ninguno.

3
EL DESPEGUE

El 27 de julio de 1931 amaneció despejado y caluroso. El calor de todo el verano se condensó en pequeñas gotitas aquella tarde. Una pequeña multitud apareció congregada para empujar las puertas del largo acceso de entrada al College Point, en Long Island. Mientras nos dirigíamos hacia allí en coche, vi varios rostros familiares entre las camionetas y las cámaras. Habíamos pasado juntos muchos días abrasadores en aquel acceso de madera, contemplando vuelos de prueba y supervisando la instalación del equipamiento. Ahora que los preparativos habían terminado, estábamos listos para el viaje. Supongo que todos estaban tan aliviados como nosotros. Aparecieron algunos amigos para despedirse. «Esperamos que todo salga bien», nos decían con una voz y una expresión que en realidad querían decir: «Pero no creemos que tengáis muchas posibilidades».

Recogimos el equipaje y nos precipitamos entre las sombras de las oficinas. Un calor pesado y oscuro lo impregnaba todo. Hombres en mangas de camisa trajinaban de aquí para allá. Podíamos oír a los reporteros llamando por teléfono: «Acaban de llegan en un coche marrón y están metiendo el equipaje en el avión». Miré alrededor y descubrí a unos niños pequeños observándome desde una ventana entre risitas. Me sequé la cara y conté los cuadernos y lápices que tenía para la radio. Un reportero asomó la cabeza por la puerta:

—¿No puede al menos decir que este es un viaje especialmente peligroso, señora Lindbergh? —preguntó.

Me eché a reír.

—Lo siento. No tengo nada que decir, de verdad. —(Lo que queremos es marcharnos. ¿De qué sirve hablar de los peligros? «¿Qué navegación [está] libre de peligros?»).

—Pero, señora Lindbergh, nos gustaría tener unas cuantas impresiones suyas. ¿Qué es lo que más teme? ¿Qué…? —Un buen amigo le repitió que yo no quería hablar. De todos modos, hacía demasiado calor para decir cualquier cosa. Hacía demasiado calor para sentarse. Me apoyé contra la brillante superficie de una mesa de despacho que tenía pinta de fresca.

Cuando salimos del edificio, dos mujeres se me acercaron corriendo.

—¡Ay, señora Lindbergh! —dijo una—. Las mujeres de Estados Unidos arden en deseos de saber la ropa que se lleva.

—Y yo quiero escribir un breve artículo sobre el arreglo y la limpieza del avión. ¿Dónde va a poner las tarteras?

Me sentí abatida, como siempre que una reportera me hace preguntas tan circunscritas a las convenciones femeninas. Me siento como se deben de sentir ellas cuando les encargan esas preguntas. Me siento un poco insultada. Ahí, justo en el rincón, mi marido responde preguntas vitales y masculinas, agudos y claros tecnicismos o amplias abstracciones, mientras que a mí me preguntan por la ropa y las tarteras. Aunque bueno, si me preguntaran por agudos y claros tecnicismos o amplias abstracciones no sería capaz de responder, así que tal vez sea eso lo que merezco.

—No —digo—. Lo siento, pero de verdad que no tengo nada que decir. —(¿Qué podría decir que tuviera algún significado? Charles es el que responde todas las preguntas importantes sobre el viaje).

—Pero no querrá decepcionar a toda la gente que está pendiente de usted, deseando escucharla. Ya sabe, el público estadounidense...

(Sí, quedará decepcionado ¡si no se entera de dónde he puesto las tarteras! Nunca pensé que nadie me instaría a creerme una cosa así).

—Lo siento. Lo siento mucho.

Me volví para mirar el avión. Encaramado sobre los grandes pontones, parecía pequeño y delicado. Estaban llevándolo al muelle. Pensé en todo el equipamiento de emergencia para el norte y el sur, la tierra y el agua, para todos los lugares del mundo, empaquetado en aquel espacio minúsculo. Pensé en nosotros dos, listos para ir a cualquier parte allí montados, y tuve una sensación de insularidad solitaria. Las islas se sienten así, estaba segura, y también las ciudades amuralladas, y a veces las personas.

Ya estaba todo listo, podíamos embarcar. «No, gracias, no necesito una escalera para subir». Un mecánico salía en ese momento de mi cabina. Tuve un instante para esperar y contemplar a la multitud. Un locutor de radio hablaba por un micrófono: «La señora Lindbergh lleva un casco de vuelo de cuero con abrigo y botas altas a juego», dijo mirándome de soslayo.

«Pero bueno...», pensé perpleja, y bajé la vista, constatando que la ropa que llevaba puesta en absoluto correspondía con su descripción. ¡Qué estupidez! Hacía demasiado calor para llevar nada de cuero. El sol me golpeó en la cabeza descubierta para atravesarme la pegajosa blusa de algodón, y los ardientes tablones del muelle me quemaron las finas zapatillas de goma. ¿Por qué habrá dicho eso?, me pregunté. Ah, claro, era el traje de vuelo convencional. Tienen que decir eso, que voy vestida de cuero. Sí, no tiene que repetírmelo, pensé mirando al locutor, ya sé que «el gran público estadounidense no debe llevarse una decepción».

El agua salpicó sobre el cristal de la cabina cuando iniciamos el despegue, cada vez más rápido, ya estábamos un poco más arriba tratando de zafarnos del agua. Yo contenía la respiración después de cada azote, mientras los pontones saltaban de ola en ola. Con el peso de la carga de combustible de prueba, el avión se movía con torpeza, como un pato con las alas pegadas al cuerpo. Se enfrentó tembloroso a las olas que, una tras otra, lo embestían después de cada esfuerzo para elevarse. Ahora los azotes eran más seguidos: rápidas y afiladas sacudidas. Tanteé el set de recepción y noté que temblaba con violencia. De repente, toda la vibración se tornó en suavidad y nos alzamos sin esfuerzo, despegando en una larga curva ascendente. Los achaparrados ferris de abajo surcaron nuestra estela, así como las gabarras cargadas de montículos de tierra de distintos colores, como carretes de oro y seda leonada. Distinguí la pequeña masa oscura de gente agrupada en el muelle donde estábamos hacía un momento. Todos parecían pequeños e insignificantes ahora que podía ver la vida del río en su conjunto: numerosos embarcaderos con ferris abarrotados, barcos y techos y campos y gabarras, dragas y chimeneas y las torres de Nueva York. También nosotros les pareceríamos pequeños e insignificantes a ellos, ahora que nuestro armatoste al final del muelle ya no les tapaba el horizonte. Se había convertido en barco en un río de muchos barcos, luego en un avión en un cielo de muchos aviones, y ahora en una pequeña mancha en el fondo azul, muy fácil de confundir con una gaviota.

El barco del fotógrafo se inclinó justo debajo de nosotros y desapareció. El vuelo había empezado. Estábamos de camino a Washington, donde nos detendríamos para solventar los últimos trámites y sellar nuestros pasaportes. Tenía que ponerme con la radio. La emisora WOA de North Beach estaba esperando mi primer mensaje. «Primero comprueba que las bobinas están en su sitio», pensé. Me sabía de memoria cómo tenían que colocarse. Muy despacio, abrí la puertecita del set de transmisión y saqué las dos bobinas. En la primera estaba escrito «MO», *Master Oscillator*, oscilador maestro, y en la segunda, «PA», *Power Amplifier*, amplificador de potencia: también conocía esos nombres. Eran muy agradables, uno siempre tintineando al compás del otro: oscilador maestro, pausa, amplificador de potencia. Parecían estar unidos por un vínculo inevitable, como Tararí y Tarará[2] o Arabella y Araminta,[3] y complementarse entre sí como una pregunta y su respuesta. ¿Oscilador maestro?, amplificador de potencia. Los sostuve en el regazo, pues no había ningún otro lugar donde ponerlos. Ambos estaban marcados con la cifra 5.615 KC. Esa no era la frecuencia correcta. Como tenía la intención de emitir en 3.130 kilociclos, debía encontrar las bobinas de 3.130 en la caja de las bobinas, que tenía a los pies. Tanteando a ciegas, elegí dos al azar. (Luego ya fui capaz de distinguirlas

[2] Personajes de *Alicia en el país de las maravillas*.

[3] Personajes de *The Arabella and Araminta stories*, de Gertrude Stein.

al tacto, por ejemplo, la de quinientos era la que más vueltas de alambre tenía). Eran de quinientos. También fueron al regazo. Saqué otras cuatro. Una se me cayó y empezó a rodar en los oscuros e ignotos territorios del fuselaje. Estiré la mano y agarré una de tres mil ciento treinta. Cuando por fin logré conectarla en su sitio, devolví el resto a la caja. Era como intentar enchufar una lámpara en la oscuridad. Primero traté de colocarlas con calma, pero no encajaban. Luego intenté meterlas a lo bruto y tanteé raspando la caja, tratando de encontrar los agujeros correspondientes. Empecé a sentir una oleada de sofoco. ¿Y si no era capaz de encajarlas? ¿Qué diría mi instructor? ¿Y los periódicos? «La señora Lindbergh no envió ningún mensaje por la radio porque no pudo poner las bobinas en su sitio».

Amplificador de potencia, oscilador maestro. Las miré por un lado y por el otro y, de repente, me di cuenta de que los enchufes estaban dispuestos de manera distinta. El amplificador de potencia encajaba en un lado y el oscilador maestro en el otro. (Igual que, en el cuento, Arabella tenía un lazo de pelo azul y Araminta rosa. Ahora lo recordaba). Qué fácil.

«Lo siguiente es desenrollar la antena hasta el punto de resonancia adecuado». Para 3130 kilociclos se necesitan más o menos 48 vueltas de carrete, decía mi libro de instrucciones. Conté hasta cuarenta y ocho con el mayor cuidado. No confiaba en mi capacidad para detectar el punto de resonancia correcto a ojo. Entonces preparé el mensaje sin encender el teclado. Lo había escrito hacía media hora, antes de entregarme a mis aventuras con las bobinas. Decía: «Ahora pasamos por el aeropuerto de Newark». Tenía que cambiarlo a: «Nos acercamos a Filadelfia». Encendí el aparato y llamé tres veces a la estación. Se hizo un silencio con un zumbido de fondo. Volví a intentarlo. Nada. Lo repetí una y otra vez. Debía de haber hecho algo mal. Algo bastante sencillo; quizá no había encendido el interruptor general. Busqué alrededor, encontré otro interruptor en el transformador y lo encendí. Intenté llamar de nuevo, con el mismo resultado. Desenrollé y volví a enrollar la antena para estar segura de que había contado bien las vueltas. Las bombillas ardían en los dos sets. Entonces recordé algo sobre un interruptor de cuchillo en el transmisor. «En el aire debe permanecer cerrado para desviar la resistencia», leí, sin tener la menor idea de lo que significaba. Abrí el transmisor y traté de alcanzar el interruptor de cuchillo, ¡cuando algo se me clavó en el pecho! Una descarga eléctrica. Ahora me acordaba. Cuatrocientos voltios. Charles me pasó una garrafa con agua y una nota diciendo que en algún lugar tenía que haber un «corto» y que sacara los fusibles.

—Lo haría si supiera qué aspecto tiene un fusible.

Me señaló uno de repuesto. Saqué los fusibles, totalmente hundida para el resto del vuelo. Alguien me había dicho alguna vez que era una idiota en la mecánica, y seguro que todos lo achacarían a que era una mujer. Quizá fuera cierto. Si era incapaz de dedicarme a la radio, tendría un montón de tiempo para pensar en las tarteras y la ropa.

«No te pongas tan melancólica —rezaba la nota siguiente—. Seguro que es por un cortocircuito cuando instalaron la luz de la brújula. Lo arreglaremos en North Beach de camino a Maine. La radio no es muy importante entre Nueva York y Washington. Además, tenemos buen tiempo».

Miré por la ventanilla. Estábamos circunvolando el río Potomac y el fondeadero donde íbamos a aterrizar, una pequeña ensenada detrás de Bolling Field. Las aguas tranquilas reflejaban unos sauces impresionantes. Nuestro primer día de vuelo llegaba a su fin.

4
NORTH HAVEN

El vuelo de Nueva York a Washington marcó el inicio de nuestro viaje, pero para mí no comenzó de verdad hasta que no nos despedimos de mi casa de Maine. Aterrizar en North Haven colmó esa necesidad interior, heredada de los juegos infantiles, de tocar «casa» antes de emprender una nueva carrera. La visita fue un trampolín emocional y, como tal, adquirió una importancia mucho mayor de lo que traducía su brevedad. El viaje de Nueva York a Maine, las pocas horas que pasamos en la isla, las despedidas, estuvieron impregnados por una gruesa capa de impresiones y emociones de tantos veranos pasados allí, además de las que surgían en ese momento. Fue uno de esos extraños instantes de la vida en que, con un destello, es posible trazar los hilos del pasado y el futuro, sujetarlos con la mano y atarlos con un nudo bien apretado. Cuando ahora recuerdo aquel verano volando, extendiéndose como una cuerda tensa por la parte septentrional del globo, el extremo anudado se mantiene firme en North Haven.

El viaje a Maine siempre era largo y lento. El tiempo daba de sí; durante la noche, desperdiciado en el coche cama;

por la mañana, empleado en navegar con el ferri para cruzar el río en Bath, y por la tarde, sincopado en una serie de escalas de un pueblo a otro de la costa; el tiempo daba de sí para que nuestro cambio mental coincidiera con nuestro cambio físico. Así, podíamos hacernos a la idea poco a poco, avanzar en silencio por el paso que unía la ciudad al campo, la escuela a las vacaciones, el invierno al verano. Por la tarde, cuando el tren, como una afanada ama de casa, evitaba detenerse a charlar en cada una de las estaciones pero sin dejar de saludar con un amistoso resoplido y un gesto de cabeza cuando aparecía un pueblo típico del paisaje de Maine —un puerto lleno de pequeños botes arrastrando las boyas, un campanario blanco, un prado de margaritas—, nos avisaba y preparaba para el puerto, el campanario y el prado que nos aguardaban. Conforme nos acercábamos a nuestro destino geográfico, también estábamos más cerca de nuestro destino emocional. La última etapa del viaje a la isla en un pequeño bote culminaba todos esos finales, así como los elementos propios del paisaje, que tan bien conocíamos y siempre nos provocaban los mismos gritos —«¡La goleta de cuatro palos sigue ahí!», «¿No es esa la boya de los cinco kilómetros?», «¡Mira nuestra pícea, es enorme!»—, para unirnos por fin, de manera completa y satisfactoria, a todos los veranos pasados, a todas las vacaciones, a Maine.

Sin embargo, en ese vuelo a North Haven en el Sirius tenía la mente mucho más lejos que el cuerpo cuando sobrevolamos el puerto de Rockland, y los elementos del paisaje tan bien conocidos que tenía debajo no representaban ninguna realidad para mí. Tardé toda la noche en recuperarme y perdí casi toda la alegría que siempre produce la llegada. Me invadía la misma sensación que en tantos otros vuelos, esa falta de sincronización entre el ritmo del cuerpo y de la mente. Desde el afán más pesimista, he llegado a preguntarme si acaso el rápido desplazamiento no nos robará la capacidad de percibir la vida y, por tanto, sentir buena parte de la alegría que encierra esa percepción; pero al final he decidido que somos como el corto de vista que todavía no se ha acostumbrado a las nuevas gafas. Aún tratamos de observar el estambre de una flor con una lente fabricada para contemplar horizontes. Nuestros hijos medirán las distancias no en campanarios y pinos, sino por montañas y ríos. Y esos elementos del paisaje significarán para ellos lo mismo que para mí descubrir las goletas de cuatro palos en el puerto de Rockland.

La impresión de irrealidad aumentó en ese viaje porque me había esforzado mucho con la radio, de modo que me pasé todo el tiempo cabizbaja en la cabina. No puede decirse que fuera una tarde gloriosa a causa de mi inexperiencia con el manejo de la electricidad estática, y una especie de miedo escénico que me helaba la mente y los oídos cada vez que veía un mensaje danzando hacia mí. No obstante, me alentó comprobar que era capaz de garabatear algunas líneas de mensajes recibidos desde Nueva York y Bangor, Maine, y de enviar nuestra posición con regularidad. Eso me infundió un cierto optimismo.

Incluso cuando ya habíamos aterrizado y estábamos fondeados en el paso de North Haven, yo seguía intentando enviar el último mensaje a North Beach. Y cuando, en mitad del empeño, Charles me dijo: «Tus padres están ahí, han venido en bote», ni siquiera alcé la vista. «Sí, sí, lo sé», farfullé con impaciencia, y me guardé la alegría en el bolsillo como me habría guardado una carta ansiada durante mucho tiempo que me hubieran entregado en público; una carta cuya letra resaltara a brincos en el sobre, pero a la que yo no pudiera sino dedicar, como una especie de paradoja, un «Oh, no es nada, puede esperar».

Cuando por fin nos encaminamos al muelle, me pareció que todo North Haven estaba remando alrededor del paso o bien apiñado en el arribo. Sin embargo, esta vez la muchedumbre no me afectó como otras muchedumbres. Todos los rostros parecían familiares, gente de North Haven y algunos veraneantes. Incluso los desconocidos albergaban un cierto parecido con los demás —quizá solo era una semejanza como la que otorga compartir ocupación, o la lozanía que produce la mezcla de sol y sal—. Sentí que el velo de reserva que siempre me acompaña en estas ocasiones se me caía al correr al encuentro de mi familia. Todos esos amigos me conocían de mucho tiempo atrás, me habían visto regresar en el bote mil veces tras un día frío, con el pelo encrespado y la nariz roja. Habían sido testigos de mi miseria y confusión el día que circulé marcha atrás con el viejo Buick hasta hundirlo en la acequia y chocar contra la valla de una casa. Tuvieron que sacarme a mí también. Nadie tenía nada que fisgonear porque yo no era ningún misterio. Nunca los decepcionaría ni los encandilaría. Incluso Charles les suscitaba otra clase de curiosidad. Todos querían verlo, desde luego, y por nada del mundo habrían perdido la ocasión, pero, aun así, él no podía parecerles una persona misteriosa. ¿Acaso no se había casado con Anne? Sentí un alivio inmenso, la felicidad. Qué delicia ponerme la vieja bata y las zapatillas. Sí, estaba en casa, en la casa de las tablillas blancas.

Sin embargo, no me sentí del todo en casa hasta que no la recorrí de arriba abajo, cuarto por cuarto, volviendo a situar en la memoria, uno por uno, los cuadros de las paredes y los objetos de las repisas; hasta que los grabados de Audobon dejaron de precipitarse hacia mí cada vez que entraba en el salón, y el viejito de cerámica de la chimenea dejó de saludarme con un gesto cada vez que me sentaba a comer. Una vez que todos los objetos inanimados que componían las estancias me hubieron dado la bienvenida y regresado a sus discretos y sencillos nichos, pude sentirme en casa de verdad.

Esa noche nos sentamos al cálido resplandor de una lumbre de preguntas y exclamaciones: «¿Cómo va la radio?», «¿Electricidad estática? Eso dijimos esta tarde», «¿Cuánto tardaréis en llegar a Ottawa?», «Los mapas que nos diste son increíbles, Charles». Charles no hizo ningún comentario sobre la radio, dejó que yo respondiera a todas las preguntas, aunque él podría haberlo hecho mucho mejor. A veces se volvía hacia mí con una expresión medio orgullosa, medio expectante, como una madre hablando de su portentosa hija: «Ahora tú, Anne, explícales a estos señores lo que sabes». Sin embargo, me sentí satisfecha al darme cuenta de que, aunque supiera mucho menos que él, mi familia, por imposible que pareciera, sabía aún menos que yo. Todos se quedaron muy impresionados al enterarse de que había colocado las bobinas del oscilador maestro y el amplificador de potencia.

A la mañana siguiente nos marchamos, yo con un pañuelo bien doblado en el bolsillo por si acaso. «Toma, que seguro que lo necesitas». Creo que ese pañuelo selló el triunfo del viaje, enseguida le dio un cariz íntimo y un alcance familiar. ¿No era un pañuelo en el bolsillo lo que siempre me había acompañado en mis trayectos a la escuela, me había colocado en el tren a la universidad y me había sacado de casa el día de mi boda? Con un pañuelo por si acaso podía ir a cualquier parte, sobre todo si tenía un dobladillo azul.

El día abrió fresco, brillante y despejado, como una luz reflejada sobre una granja blanca. La isla que abajo menguaba mientras nos elevábamos en el aire yacía inmóvil y perfecta, recortada contra el mar oscuro en una almidonada claridad. Me embargó una entusiasta plenitud al abrazar aquella visión con la mirada. Era mía, tan mía como si fuera yo quien la sostuviera, como una manzana en la mano. Todas las partes que la componían eran mías en ese preciso instante: la muchedumbre en el muelle, el pequeño bote meciéndose en el puerto donde mi familia nos decía adiós con la mano, la casa de campo blanca donde estaba mi bebé. Qué alegría recoger todo aquello con la mirada en un instante, como quien trata de llevarse consigo al otro, poseer todos los fragmentos, en una última mirada de despedida. Las diversas partes de la isla, antaño mundos separados y complejos, se reunían y simplificaban en esa mirada envolvente desde el aire. «Así que el camino de la Granja del Gato en realidad es una prolongación del camino del otro lado de la Punta —dije en voz alta—, y el estanque de los lirios está justo al otro lado del campo de golf. ¡Qué extraño! Aquel día me pareció un paseo larguísimo».

Disfruté mucho esclareciendo en un rato todas aquellas confusiones que tenía en la mente, desenmarañando los complejos itinerarios de mi infancia. Y la sensación de alejarme en el espacio me brindó también la sensación de alejarme en el tiempo, como si estuviera contemplando mi vida desde una atalaya del futuro, como si incluso pudiera echar la vista atrás en ese viaje que aún no habíamos emprendido y, desde mi posición privilegiada, decir con toda tranquilidad: «¡Qué extraño! Pensé que aquel verano sería tan largo y difícil, y al final…».

5
RADIO Y RUTAS

Contribuyó a mi felicidad el hecho de que el viaje de North Haven a Ottawa fue también el día de mi primer éxito con la radio. Estuve en contacto con una o dos emisoras de radio cada cuarto de hora. Pude enviarles nuestra posición y el tiempo atmosférico de manera regular, y oír a su vez el reconfortante *pip-tuu-pip*, que significa «bien recibido». Por otra parte, cuando repaso ahora las notas, me sorprende la cantidad de veces que tuve que enviar «Perdón pf rpt» (perdón, repita por favor) o «Perdón otv pf» (perdón, otra vez, por favor).

En el viaje descubrí, para mi gran decepción, que recibir mensajes no era tan fácil como mi experiencia casera con la radio me había llevado a creer. Antes siempre había sido una cuestión de apretar un interruptor y girar un botón hasta una marca de lápiz muy difuminada, momento en el cual se oía un estallido musical que se apaciguaba al girar otro botón. Eso era todo. Yo me sentaba perezosa mientras la música, u otra cosa, se prolongaba obediente hasta que a mí me venía en gana. En el receptor del aeroplano también había marcado el dial de las diversas emisoras en sus correspondientes frecuencias, y creía que lo único que tenía que hacer era apretar el interruptor, encontrar la emisora y, tras un pequeño ajuste, sentarme a escuchar tan tranquila. Sin embargo, los puntos y las rayas se negaban a fijarse en la marca de lápiz. Así, descubrí que necesitaba sujetar el dial con una mano en todo momento, y el calibrador vernier con la otra, para intentar atrapar la emisora, que se comportaba como una mariposa esquiva. Deseaba una tercera mano para escribir el mensaje, y aun otra para sostener el cuaderno: así, una tarea de cuatro manos estaba a cargo de dos muy incompetentes, lo cual suponía rendirse a la acrobacia.

El mayor problema era que aún manejaba la técnica con gran lentitud. Al principio, cuando aprendía a anotar mensajes, captaba el sonido de un grupo de puntos y rayas, los traducía vacilante a letras y los olvidaba de inmediato para dar cabida a los siguientes. No tenía capacidad para retener más de un grupo a cada vez. Para no olvidar los sonidos, tenía que escribir las letras una a una al traducirlos, y luego formar palabras y descifrar el significado. Poco a poco fui eliminando el paso medio, y traducía los sonidos en letras que escribía sin que, al parecer, pasaran por mi mente. Las letras surgían del lápiz al son de los puntos y las rayas, como si escribiera bajo inspiración, y aunque ni siquiera entonces supiera el contenido del mensaje: lo descubría al leerlo anotado en el cuaderno.

A pesar de que este método suponía una gran mejora con respecto al anterior, aún presentaba varios inconvenientes. Como el mago sin poderes al faltarle su varita, yo estaba a merced del lápiz y era incapaz de oír nada sin tener uno en la mano. Luego averigüé que mi mente había revisado el proceso por sí sola. Primero empezó a retener las letras, luego a anticipar las palabras y, por fin, con ciertas palabras, a no ser consciente de las letras, sino oír las palabras enteras a medida que llegaban las señales, como si estuviera escuchando una conversación. Así, anotar el mensaje solo con ayuda del oído me dejaba las manos libres para ajustar los controles de recepción, situados a la derecha de la cabina. Sin embargo, durante el viaje a Ottawa, y mucho tiempo después, no tenía la mano derecha libre porque estaba atada al lápiz mágico, el cual, por desgracia, perdía toda su magia al pasar a la mano izquierda.

Pese a todo, logré arreglármelas en una postura de lo más torpe. Con la mano derecha anotaba los mensajes en un cuaderno que sostenía solo con la rodilla izquierda, mientras con la mano izquierda tanteaba para controlar los botones a mi derecha. A veces los pianistas más expertos adoptan una postura semejante, al tocar la parte del bajo con la izquierda y la parte del tiple con la derecha, pero una radioperadora experta nunca debería hacer algo así. A veces, ya cansada de esa postura con los brazos cruzados, acababa por sentarme en el suelo frente al set de recepción. Era una postura cómoda mientras recibía, pero si tenía que enviar algo, la llave de transmisión estaba ubicada cerca del asiento, y desde el suelo no alcanzaba. No servía de nada tratar de eludir el hecho de que la instalación estaba pensada para una radioperadora sentada. Así empecé a sentirme cuando llegamos a Ottawa, aunque mi postura todavía recordaba más a la pianista; pero pude enviar orgullosa nuestra posición sobre la ciudad en mi último mensaje de la etapa. La respuesta llegó, amable y lenta: «OK… mejor… enrollar… antena». Mi paciente instructor me enviaba un cortés recordatorio desde el otro lado. Sí, pensé mientras nos deslizábamos muy rápido sobre el ancho satén del río Ottawa, tal vez tenía razón.

Fresca y vigorosa tras mi reciente experiencia práctica como operadora, no pude evitar alterarme cuando, al llegar a Ottawa, nos anunciaron que tendría que sentarme a cenar junto a uno de los radioperadores más importantes del país. «Es un hombre que sabe todo lo que hay que saber en la materia. Podrán tener una espléndida charla sobre sus asuntos», me dijeron con cordial entusiasmo. En ese momento se me quedó la mente en blanco, como cuando estoy en casa tan tranquila y alguien de la familia grita al teléfono, en una llamada de larga distancia, las siguientes y heladoras palabras: «Sí, Anne está aquí, ahora mismo se pone». Y me suelta el auricular en el regazo como un plato caliente. ¿Qué iba a decirle a un radioperador experto?

—Mi marido... —empecé en tono poco convincente, pero no, esa treta no funcionaría.

—Su marido dice que es usted quien está a cargo de la radio —(«Ahora tú, Anne, explícales a estos señores lo que sabes»). Entré en el salón de la cena aleccionándome con severidad y sin dejar de repetir: «No confundas la bobina con el tubo, y trata en lo posible de no abrir la boca».

Mientras tanto, Charles ya había entablado sus propias discusiones con los expertos. Un abstraído grupo de aviadores, viajeros, exploradores, meteorólogos, topógrafos y científicos —hombres que conocían el norte de Canadá como nadie más en el mundo— lo rodeaban, en un parloteo incesante y animado. Ante ellos se extendían los mapas donde nuestras rutas marcadas trazaban gruesas líneas negras, tan definidas y simples como los meridianos, a través de la salvaje y desolada Canadá. Por el suelo aparecían desparramados diversos mapas de colores, fotografías y listas de estadísticas, pero lo que los expertos miraban cuando me colé hacia el fondo del salón eran esas gruesas líneas negras de nuestros mapas. Todos parecían preocupados, con una mirada sabia y amable pero contenida: la mirada de una madre cuando su hija entra a despedirse antes de sus primeras fiestas. Todas sabemos que, aunque diga con voz jovial: «Ay, estás guapísima», en realidad está pensando: «Ay, pero ¿por qué te has puesto ese vestido?».

—Ay, pero ¿por qué ha elegido esa ruta? —En un tono muy suave y educado.

—Bueno…, es la más corta.

Sí, era la más corta. Nada podía refutarse a tal argumento. Iba a ser difícil razonar con ese hombre.

—Pero no mucho más corta que esta otra que va por arriba, hacia el río Mackenzie… y además, no hay nada que ver en esa región de la bahía de Hudson.

—Yo por esa zona no apostaría ni un centavo —apostilló otro canadiense—. La he recorrido entera y no hay más que ciénagas, ni un campamento ni una choza en cientos de kilómetros.

—Y los lugares que ha marcado como etapas… Es que ahí no hay nada, ni un sitio donde alojarse. Solo el puesto de la bahía de Hudson o un cuartel de la policía montada.

Entonces la mirada de Charles resplandeció. Ese no era el mejor modo de disuadirlo.

—Bueno, ¿y…? —dijo provocativo.

—Bueno, esas desembocaduras del río no son nada seguras para fondearse. —La verdad es que ese hombre se lo estaba poniendo muy difícil—. La bahía de Hudson tiene unas mareas tremendas. Te crees que tienes el barco bien amarrado en puerto, y a la mañana siguiente descubres que la corriente ha arrastrado el ancla y se ha ido al mar.

—O has echado el ancla en una península, la marea ha bajado y ahora está en un montículo rodeado de tierra.

—Y los pontones tienden a hundirse y encallarse en arenas movedizas, de modo que cuando la marea vuelve a subir, te quedas sumergido.

—Y luego hay condiciones muy malas, con mucha niebla por esa zona. Niebla y aguas como espejos, así que los pilotos no pueden localizar el agua y, a veces, ¡aterrizan sin verla! Es muy peligroso.

—Además, el polo magnético le dejará la brújula inservible, ¿sabe?

—Y los mosquitos, ¡madre mía! Imposible ponerse los zapatos con los pies llenos de picaduras.

Ante semejante avalancha de objeciones, cualquier observador externo no habría podido abstenerse de soltar: «Bueno, pero todos ustedes regresaron vivos, ¿no es cierto?».

Tampoco había respuesta posible a ese argumento, salvo echarse a reír. Sin embargo, los expertos cargaban con una pesada responsabilidad. No iban a darse por vencidos sin antes mostrar un poco más de empeño.

—Y con respecto a este salto, yo no llevaría a mi mujer ahí. La señora Lindbergh…

Me sentí extrañamente halagada, como la primera vez que entré en un ascensor y un hombre se quitó el sombrero al verme («¡Entonces, he llegado a la edad en que los hombres se quitan el sombrero delante de mí!», pensé a mis incrédulos quince años).

—Debería recordar que ella forma parte de la tripulación —objetó Charles sonriéndome.

Entonces me sentí aún más halagada. (¡He alcanzado ese estadio en que se me considera en igualdad con los hombres!).

—Pero si dispone de esta maravillosa ruta paralela a la suya, ¿por qué decide atravesar esa región tan terrible?

Yo los contemplaba divertida. Hablaban a Charles como los viejos hablan a un niño que quiere jugar con petardos: «Mira, estas bengalas hacen lo mismo y, además, son mucho más bonitas».

—Y los paisajes son espectaculares… Seguro que disfruta mucho más.

—Es que no queremos seguir las rutas aéreas más trilladas.

—Qué va, esa no está trillada. Aún quedan muchas partes salvajes, y es solo un poco más larga.

—A mí, cuando vuelo, me gusta señalar un punto en el mapa para situar mi posición y otro para señalar mi destino, trazar una línea entre ambos puntos y seguirla —replicó Charles, ya más serio—. No me gusta desviarme a causa de las posibles dificultades de la ruta. Prefiero estar preparado y poder afrontarlas.

La situación empezaba a ponerse un poco tensa. El niño se rebelaba. Los veteranos pilotos lo miraron con ciertas dudas y un notable azoramiento. ¿Cómo podían explicarle las dificultades? Empezaron a patinar, acercándose peligrosamente a los agujeros en el hielo:

—Nosotros no podemos asumir esa responsabilidad. Si algo les ocurriera… Complicaciones internacionales…

—Está bien. —La respuesta sonó como un mazazo—. Si no podemos tomar esa ruta… —¡Despacio, Charles, despacio!—, ¡regresaremos e iremos por Groenlandia!

Caras largas por doquier.

—¡Pero si eso es aún peor! —Todos estallaron en risas. La actitud general pasó a ser la siguiente: si tiene que jugar con petardos, ya hemos hecho lo posible para disuadirlo, así que mejor le enseñamos a manejarlos; de modo que procedieron a ello con una generosidad que no merecíamos, después del mal rato que les habíamos hecho pasar.

—Si al final decide ir por ahí, mejor no aterrizar siempre en las ensenadas. Hay innumerables lagos con pequeñas bahías, a un par de kilómetros del puerto, donde estará a salvo de la marea y las corrientes.

—A lo mejor le sirven estos mapas fotográficos. Mire, ahí se muestra el fondeadero.

—Le daremos unas cuerdas para las alas. No, no se moleste… Y también tendrá que llevarse dos chalecos salvavidas. Como los que voy a darle no los encuentra en ninguna parte.

—Ah, y una cosa más…: ¡no cabe duda de que les irá muy bien!

6
EL LAGO BAKER

Llevábamos toda la tarde volando kilómetros y kilómetros sobre una tierra llana y sin árboles, salpicada aquí y allá por lagos y ciénagas. Al atardecer llegamos a un lago gris y cristalino, delimitado por grises y desoladas orillas un poco más altas que las ciénagas. En una de ellas se alzaban tres o cuatro casas blancas como únicos acentos que rompían la monotonía del paisaje. Eso era el lago Baker. Circunvolamos el mástil con la bandera británica y el campanario de la iglesia y cortamos, atravesándola, el agua satinada del lago en dirección al pequeño grupo de casas en la orilla. Mientras nos acercábamos a la orilla arenosa, pude ver la tierra de cerca, otra vez gris, sin árboles, sin colinas; nada salvo musgo gris, agua gris y cielo gris. ¿Cómo podía alguien vivir allí, incluso animales? El lugar era un puesto comercial. En la orilla que teníamos justo delante había una pequeña choza blanca con un letrero que rezaba: «Pieles Revillon Frères». La misma letra pulcra y fluida, las mismas curvas y florituras, el mismo estilo que exhiben los grandes almacenes de Nueva York. Peleas de autobuses, ladridos de taxis, silbidos de frenos al detenerse los animales ante las luces rojas y gruñidos al salir corriendo otra vez… El incesante rugido de la Quinta Avenida estaba encerrado en ese cartel, «Revillon Frères».

Charles apagó el motor. La hélice giró perezosa hasta detenerse. No se oía nada salvo el chapoteo del agua contra la arena. Un grupo de gente que estaba en la orilla, unos pocos hombres blancos y varios inuits con capuchas en punta como gorros de Papá Noel, se acercó. El oficial de la policía montada, alto y guapo con un abrigo rojo, nos tendió la mano:

—Les he reservado unas entradas para la función de esta noche. ¡Espero que vengan!

—¿Qué función? —preguntó Charles sin saber muy bien si echarse a reír al ver aquellas cuatro casas solitarias. Del grupo salieron algunas carcajadas.

Cuando salté del avión, los tres o cuatro inuits se alejaron y asomaron dos niños pequeños inuits con aire tímido que empezaron a seguirme. Les brillaban los ojos bajo los gorros mientras me observaban curiosos el rostro, la ropa…

—Es usted la primera mujer blanca que ven —dijo uno de los comerciantes—. Nunca antes ha venido ninguna por aquí.

—Vaya, seguro que se llevan una decepción —dije mirándome el atuendo—. Voy vestida con pantalones, igual que ustedes.

Todo estaba húmedo y embarrado. Una nube de mosquitos zumbaba alrededor de nuestras cabezas, y envidié las capuchas de paño de los inuits. Corrimos arrastrando los pies por la arena hacia la casita cuadrada. Al entrar había un saloncito con cortinas brillantes, un sofá, una mesa grande y sillas; a un lado, una habitación con unos paños que hacían de cortinas al fondo; al otro lado, un cuartito con un armario para la radio, y fuera, un porche donde dos inuits ayudaban con las tareas. Eso era toda la casa. Nos sentamos a la mesa para cenar con los dos comerciantes como anfitriones.

—Sentimos no tener nada mejor que ofrecerles, pero es que nuestro bote está por llegar y tenemos poca cosa —nos dijeron.

—¿Qué bote?

—Un bote de nuestro pueblo. Viene una vez al año con provisiones.

Nos quedamos atónitos.

—Pensé que los aviones aterrizaban por aquí de vez en cuando. En Ottawa dijeron…

—Uy, eso era hace mucho tiempo. Este año no nos ha llegado nada desde que nuestro bote zarpó el año pasado; pero bueno, con lo que tenemos nos llega. —Nos sacaron unas truchas asalmonadas frescas—. Las pescamos en el lago, hay muchísimas, pero al final te hartas. No tenemos nada de fruta ni verdura fresca.

¡Qué privación me pareció no tener una fruta o alguna hortaliza verde acompañando la comida! Incluso cuando hay que comer a bordo, siempre intento llevar fruta en lugar de bocadillos. Entonces recordé que guardaba algunas provisiones de Ottawa. Rebusqué en la bolsa de la radio y saqué tres ciruelas, una pera y cuatro bocadillos de filete.

—No son nada del otro mundo, pero a lo mejor les apetece…

Los dos hombres sonrieron agradecidos.

—Creo que es la primera vez que vemos ternera fresca por aquí. —Y con toda seriedad, se sentaron a cortar los filetes en partes iguales. Una vez divididos, cada uno dio buena cuenta de la carne de tres días y la fruta, mientras Charles y yo nos lanzábamos a un festín de trucha.

Antes de terminar la cena, apareció más gente: dos hombres de la bahía de Hudson, del otro lado del lago, el policía montado del abrigo rojo, un guarda canadiense y un pastor anglicano. Nos saludaron con gesto taciturno y, una vez que tomaron asiento repartidos por los rincones de la habitación, se quedaron mirándonos fijamente.

—¿Qué tal por allí «fuera»?

Titubeamos un momento antes de responder. La palabra *fuera* sonó con un énfasis muy peculiar. No preguntaban por el tiempo.

—Es que los periódicos llegan con un año de retraso —explicó uno—. Recibimos trescientos sesenta y cinco a la vez y vamos leyendo uno al día, igual que hacen ustedes, pero claro, nos enteramos de las noticias muy tarde.

Como aquel hombre mítico que vivía en una estrella, pensé, con su telescopio mítico, que veía la guerra civil un siglo después de que ocurriera porque la luz tardaba cien años en viajar de la tierra a su estrella.

—Por la radio sí nos llegan noticias —prosiguió otro—, pero ninguno de nosotros ha estado «fuera» este año. Yo llevo aquí seis.

—Yo soy el más nuevo —dijo el pastor. El rostro lavado le brillaba sobre el rígido alzacuello—. Llegué hace un año, y aún me quedan otros seis. —Estalló en una risa jovial.

Entonces, el resto del mundo era «fuera» y el lago Baker era «dentro». Hablaban como si estuvieran presos.

—A este le quedan cinco —intervino otro—, y ese ha echado raíces. —Todos estallaron en risas—. Vino hace nueve años y firmó para cinco, pero al salir no pudo soportarlo y volvió a firmar por otros cinco.

—Y el padre[4] está aquí de por vida. —El padre era un cura católico que habíamos conocido en la playa, nada más aterrizar. Una barba roja de profeta le caía por la larga sotana negra. Esa noche no estaba con los demás porque él y el pastor no se hablaban. Apenas coincidían, ni siquiera en las eternas tardes de invierno en que la pequeña colonia se reunía alrededor de la mesa para jugar al *rummy* o al *bridge*. Solo eran ocho, pero como el pastor no creía en las virtudes del juego, a la segunda mano se levantaba. El padre, en cambio, sí jugaba. Conocía bien el curso de la existencia en el norte. Sabía que pasaría allí toda su vida.

Qué difícil debe de ser evitar a alguien en una comunidad tan minúscula, pensé, sobre todo dos personas consagradas al mismo oficio. Me pareció haber visto solo un par de tiendas de inuits. Me pregunté cómo se dividirían los fieles. Nos enteramos de que el antiguo pastor anglicano había sido muy popular entre los inuits, por lo que se los había ganado a todos. El cura católico no tenía más que un devoto —convertido del anglicanismo—: el hombre que trabajaba para él. «¿Qué otra cosa podía hacer el pobre?», era el comentario general. El pastor partía con ventaja en la nueva lid y tenía seis años ante sí, pero lo más probable era que el cura acabara ganando la guerra: tenía toda la vida por delante.

Observé el grupo con atención. El peletero estaba riéndose mientras daba codazos al de al lado. El rostro del pastor resplandecía como una manzana. El montado se liaba un cigarrillo de tabaco de pipa y pegaba el papel a lametazos —la provisión anual de cigarrillos se había acabado—. No parecían exiliados.

[4] En español en el original.

—¿Reciben muchas noticias por radio?

—Sí, en invierno está bien, pero también tiene cosas malas —dijo el policía, y dejó de liar el cigarrillo—. Antes, una vez llegabas aquí, no podías recibir ni una orden del cuartel general, ¡y ahora tienes que estar disponible cualquier sábado por la noche!

Todos se rieron con sus palabras. Así que era eso, querían exiliarse, «echar raíces», habían dicho, incapaces ya de abandonar una tierra donde, al principio, pensaron que no podrían vivir. Y aun así, querían «noticias de casa». «Casa». Me di cuenta de que nosotros no veníamos de esa «casa» que, para algunos, era algún lugar de Canadá y, para otros, Escocia o Inglaterra, de modo que no traíamos noticias. Rebusqué en la memoria algún hilo del que pudiéramos tirar juntos. Recordé aquel verano en Escocia, en North Berwick, cerca de Edimburgo. Un hombre de cara rosada me sonrió.

—Eso estaba cerca del campo de golf, ¿verdad?

—Sí, vivíamos justo al lado del campo de golf. ¿Se acuerda de The Law? —(«The Law» era un monte).

Los otros nos miraron con envidia asombrada, y ambos sentimos un cálido orgullo por haber encontrado esa isla como lugar compartido en un mar de desemejanzas.

—¿Y nunca ha estado en Inglaterra, señora Lindbergh? —interrumpió otro del grupo.

—Pues sí, pero nunca he vivido allí. —El hombre pareció decepcionado—. Bueno, mi hermana está allí ahora mismo —proseguí, como si ese tenue vínculo pudiera acercarlo más a Inglaterra—. En Somerset.

—Somerset —repitió. Y luego, un poco apesadumbrado—: ¿Y ha estado en Devon? —¿Qué diferencia supondría para él que mi hermana hubiera estado o no en

Devon? Ninguna, creo, pero mencionar un objeto, a una persona o un lugar queridos supone conferirles una realidad. Decimos la palabra mágica y nuestro oyente sonríe, formándose una imagen en la mente, y luego, como si esa imagen quedara superpuesta en la que nosotros guardamos, surge una estampa del mar oscuro de la memoria: no la fotografía plana encerrada en las paredes de su mente durante tanto tiempo, sino un nuevo cuadro dotado de profundidad, vida y solidez, como visto a través de un estereoscopio. Quizá es un estereoscopio mental, compuesto a partir de nuestra imagen y la del otro.

Así que respondí y le conté que una vez me había enviado una postal desde Clovelly. Y él se quedó satisfecho.

Entonces se oyó un rumor de pasos en la entrada. Lynn, el trampero, había llegado.

—¡Hola a todos!

Lo saludaron animados sin que él dijera una palabra: se limitó a asentir con la cabeza con gesto amable, quitarse el chaquetón de lana y tomar asiento. Nos miró con los ojos azules entrecerrados, como si aún contemplara la nieve de la que vivía rodeado buena parte del año. Lynn era un trampero veterano, un sueco grande y corpulento que llevaba toda la vida en el norte. Durante muchos años se había dedicado a poner trampas en Canadá, pero ahora había demasiada gente, por eso se había mudado más al norte. ¡Demasiada gente! Pensé en nuestro vuelo de Ottawa a Moose Factory: batallones de pinos desfilando hacia el norte en línea recta, avanzando a paso firme hasta donde alcanzaba la vista, sin un solo pueblo o casa o señal de humo que detuvieran aquella marcha implacable. ¿Estaría toda aquella tierra vigilada, frecuentada por los tramperos en invierno? Tal vez. Fuera como fuese, había demasiada gente para Lynn.

Ahí, por lo menos, nadie interfería en su trabajo. Vivía a unos treinta kilómetros del campamento del lago Baker, nos contaron, en una cabaña que él mismo se había construido con un poco de barro y unos tablones que arrastró desde el campamento. Era muy estrecha, lo justo para poder tumbarse. Se pasaba todo el invierno cazando y poniendo trampas con su perro, con alguna incursión ocasional en el campamento para obtener provisiones: esa era la vida de Lynn, según nos la describieron aquellos hombres. No recuerdo que él abriera la boca. Se quedó sentado en un rincón con la gorra calada hasta la nariz, el rostro curtido pero cálido y familiar como un viejo guante de cuero y los ojos azules entrecerrados, mirándonos como si aún contemplaran la nieve.

Todos aquellos hombres esperaban el invierno, y el trabajo de invierno, pues en invierno el mero hecho de vivir al aire libre era un trabajo, con las raquetas de nieve y los trineos conducidos por los perros, cuando había que forrarse de pieles de ciervo incluso para la tarea más enérgica: correr junto a los perros. El invierno era la estación en que recaía todo el trabajo con las trampas, cuando los abrigos de zorro eran más gruesos y bellos. Algunos hombres salían a la nieve con sus propias trampas, mientras que otros esperaban a que los inuits les trajeran las pieles, que se vendían en la «tienda».

La «tienda» era la choza que habíamos visto en la playa al aterrizar. Era el edificio más importante del lugar, que pudimos visitar a la mañana siguiente. Allí, en los estantes alineados a lo largo de las paredes de la pequeña estancia, se amontonaban toda clase de provisiones: latas de carne, verdura y sopa; jerséis, gorros y ropa interior; fogones de acampada, cacerolas y sartenes, toda clase de objetos que los inuits cambiaban por pieles. Por una piel se obtenían un montón de latas. Un rifle podía conseguirse por cinco pieles, y un paquete de café, por la décima parte de una. Poco a poco, el primitivo sistema de trueque había evolucionado hacia una nueva moneda. En el mostrador frontal había una caja llena de estacas de madera que, por el uso concreto para el que servían, se conocían como *pieles*. Recordé una charla que mi padre nos dio de niños sobre el dinero. El dinero tenía que ser duradero y fácil de llevar; y esas pieles de madera eran mucho más manejables que las de verdad. Seguro que un inuit podía recolectar las suficientes como para cambiarlas por un fogón o una tienda para el verano; porque los inuits estaban adoptando, poco a poco, los parámetros de la escala vital del hombre blanco.

—Ahora están pasando una época dura —explicó un comerciante—. Corren malos tiempos.

Era el verano de 1931. Que la expresión «malos tiempos», que resonaba por todas partes, hubiera llegado al lago Baker, que tan aislado, tan fuera del mundo parecía, nos dejó perplejos.

—Entre los malos tiempos, la competencia de los rusos y las granjas de zorros, los inuits no obtienen lo suficiente para vivir de sus pieles, según los patrones blancos. Para ellos también es muy duro, porque se han acostumbrado a ciertas cosas.

Nos dirigimos a la trastienda, un enorme granero que olía a polvo y a animal, a una caja de cedro donde guardaba mi viejo cuello de piel. A un lado de la pieza, un altillo albergaba una pila de pieles claras y oscuras, más suaves y mullidas que un henar. Traté de distinguir los diversos tipos. En un rincón vi un manojo de colas blancas atadas. En otro montón no se veía más que el lado áspero, como un pergamino, de las pieles. Las del caribú, muy rugosas, estaban en otro rincón. (Al siguiente día de vuelo vimos un caribú recorriendo la tundra, como la sombra de una nube).

El peletero subió por una escalera hasta el altillo: «Aquí está —dijo extrayendo algo de una pila blanca—. Esta es muy buena piel», y me la arrojó a las manos. Unas plumas blancas flotaron en el aire polvoriento. La atrapé al vuelo. Qué extraño que un animal pudiera reducirse a eso, a algo tan leve y etéreo como el humo; una piel suave, lujosa y preciada, la más codiciada: el zorro blanco. Los zorros blancos del lago Baker eran los que reunían allí a todos aquellos hombres. Si Lynn conseguía suficientes zorros blancos ese año para venderlos, regresaría a casa al año siguiente. Todos anhelaban volver a casa, e incluso los que habían «echado raíces» ahorraban para poder salir *fuera*.

Lynn tenía que entrecerrar los ojos para poder ver a ese animal en sus trampas en la nieve. Blanco sobre blanco. Solo una sombra advertía que había algo allí atrapado: una sombra y tal vez, un poco más cerca, un hocico negro, la trampa gris y la carne desgarrada escarlata: un cuello de piel blanco para un abrigo de noche.

La última mañana que pasamos allí hacía mucho frío en la playa. «¡El aire huele a otoño!», dijo un hombre de la bahía de Hudson. (Estábamos a 4 de agosto). El cielo y el lago estaban tan grises como el día que aterrizamos. Un viento frío ondulaba unas florecitas amarillas a nuestros pies, casi la única señal de vida además del musgo. Esperábamos a la familia inuit para hacernos una fotografía juntos. Los peleteros caminaban de un lado a otro.

—¿Dónde está el montado? —preguntamos mirando al grupo.

—Ah, ha ido a recoger a la anciana en el otro campamento.

De pronto aparecieron los inuits en tropel bajando la ladera: primero los niños pequeños de ojos brillantes, con sus gorros de lana y sus jerséis; luego los hombres con capucha y por fin —«¡Ahí está!»— el montado con su abrigo rojo con botones de latón, agarrando del brazo, doblado de una forma muy galante, a la mujer más anciana del campamento inuit. (Como en una boda, pensé, cuando el novio entra con la madrina, «que llevaba un vestido...»).

—Le presento a la anciana, señora Lindbergh —dijo el «novio» con una inclinación de cabeza. Aparentaba cien años, marchita y casi calva, con el rostro tan arrugado como una bola de papel de regalo, y la boca desdentada con una sonrisa divertida exhalando pequeños y graciosos gemidos de alegría. Llevaba una piel de ciervo encima de los pantalones, y sobre los hombros, a modo de capa, una enagua de calicó colgando, un poco torcida—. Tengo el honor de presentarle... —dijo el montado con una reverencia, y la anciana y yo nos reímos.

Después de la foto, Charles examinó el avión, anclado allí, en la playa, sobre unos bidones de gasolina de ciento ochenta litros. Los oxidados barriles, expedidos al lago Baker para abastecer una de las expediciones al norte, se habían quedado en la playa, en alegre equilibrio sobre la pesada arena, esperando a que alguien los reclamara, como tantos barcos naufragados. Me pregunté si alguien se los llevaría de allí alguna vez. No merecía la pena cargar con todo aquel peso. En la parte más alta de la playa, sobre la grava, había un par de pontones rotos que algún aviador había traído al lago Baker y nunca se había llevado. Estaban desgarrados por el hielo y, como un par de zapatos viejos, podían quedarse allí para siempre. Me invadió una sensación de pánico, como si estuviera contemplando el último tren de la costa en una solitaria estación a medianoche, con las luces parpadeando en la oscuridad sobre las vías. Qué terrible quedarse allí abandonada, pensé mirando nuestro barco de alas naranjas. Parecía tan manso y domesticado, allí atado en la orilla, como un animal de granja. Costaba creer que aquel cuerpo liso contuviera tanta potencia y libertad —igual que el casquillo de una bala encierra tanta vida como muerte—, que con un minúsculo toque despertaría rugiendo y, una vez liberado, se elevaría tan fácilmente como un trocito de corteza atrapado entre las rocas en un arroyo. Sin embargo ahora, con el motor dormido, los pontones dispuestos en la arena y las alas atadas a la orilla, parecía tan apegado a la tierra como nosotros. Era nuestra única esperanza de huida. Me volví hacia el Sirius y le susurré con silencioso afán: «Tienes que sacarnos de aquí».

Una oscura mañana del invierno siguiente, mientras abría el correo durante el desayuno, me topé con una carta gruesa y cuadrada de un papel muy bonito. ¿Una invitación o propaganda? Era un folleto impreso con la foto de una mujer envuelta en zorros y armiño, esperando a que una limusina la recogiera al salir de la ópera. «Revillon Frères. Sesiones privadas».

Revillon Frères. El lago Baker. La orilla gris. Las risotadas de los hombres. «¡Entradas para la función de esta noche!». «¿Qué tal por allí "fuera"?». La choza blanca y limpia en la playa. El olor de aquella trastienda. La pila de pieles en el altillo. Las plumas blancas flotando en el aire polvoriento. Yo ya había tenido mi sesión privada ese verano.

7
AKLAVIK

La mañana amaneció tranquila en el asentamiento junto al río, solo se oía algún que otro aullido de un *husky* tirando de la cadena. Nada quebraba la quietud del río cristalino que fluía a nuestros pies, la quietud de aquella línea del horizonte perfecta en su uniformidad, ola tras ola de pinos puntiagudos. La vida seguía su curso como de costumbre. Unas mujeres inuits pasaron en silencio junto a nuestra cabaña con sus hijos a la espalda y sus largas y onduladas faldas de calicó meciéndose al compás de sus andares.

Tal vez se dirigían al almacén de la bahía de Hudson, que estaba muy cerca, o quizá al hospital católico, un poco más allá. Era día de hornear en la misión. Los niños inuits estaban abajo, en la cocina de vigas blancas, mezclando la masa. El médico del asentamiento ya había acabado la ronda en el primer hospital y se disponía a empezar la del segundo. (Católicos y anglicanos tenían su propio hospital en la misión). La enfermera del anglicano llevaba horas despierta fregando el suelo, haciendo las camas, bañando a los pacientes y masajeando con aceite a los bebés. Solo había dos enfermeras en el hospital que lo hacían todo, desde la limpieza más ardua a la técnica quirúrgica más delicada.

Los operadores de radio de la colina estaban en sus puestos, comunicándose con Alaska y Canadá gracias a sus rápidos dedos.

De repente, un niño gritó y una enorme exaltación se propagó por el campamento. Refriegas de pies corriendo, portazos, chillidos infantiles. Todos los perros empezaron a ladrar. Salimos de la cabaña. «¡El barco! ¡Llega el barco! ¡Mirad el humo!». No había barco a la vista, con la mirada seguimos la superficie satinada del río hasta que desaparecía; pero entonces, al escudriñar un poco más lejos, por encima de las copas de los pinos, se vislumbraba entre las manchas verdes un pequeño penacho blanco, inconfundible por su extrañeza en aquel paisaje. El último barco del año se abría paso despacio por el laberinto de corrientes del delta del Mackenzie hacia Aklavik. Tardaría horas en llegar porque, aunque el humo no pareciera muy lejano y el barco pudiera avanzar con alegría río abajo, aún le quedaba un buen trecho. Solo alguien que hubiera visto el río desde al aire podía reparar en el modo en que ese lazo plateado llevaba el barco a su antojo, de un lado para otro, como los niños que se divierten jugando al rey, aquí y allá, por un laberinto de corrientes y bosquecillos hasta depositarlo, con una repentina sacudida en un recodo, en la puerta de la misión.

Doce horas antes, vimos el Mackenzie por primera vez. Volamos toda la noche desde el lago Baker y nunca se hacía de noche. Pasé mucho tiempo contemplando un crepúsculo inmóvil en un banco de nubes inmóvil. Durante horas bordeamos la costa gris y sin árboles, tramos y tramos de tierras desoladas salpicadas de lagos helados. Siempre lo mismo. Hasta llegué a preguntarme, pese a la vibración del motor cuyo zumbido me subía por las suelas de los zapatos, si acaso nosotros también estábamos detenidos. ¿Nos hallábamos atrapados, helados en alguna eternidad infinita del norte? El mundo de abajo no mostraba realidad alguna que yo pudiera reconocer, medir y pasar de largo. Sabía que allí, mar adentro, el banco de nubes blanco yacía suspendido sobre una capa de hielo que señalaba, como un anillo tempestuoso alrededor de un castillo encantado, el círculo exterior de un reino helado donde no podíamos entrar. Sabía, por el mapa que Charles me pasaba de vez en cuando, que estábamos siguiendo la orilla canadiense a lo largo del golfo de Amundsen hacia el mar de Beaufort. Una vez cruzamos un brazo de mar gris que señaló como un extremo de la isla Victoria. La isla Victoria..., una de esas tierras rosa pálido que flotan en el mapa, casi en el borde superior... No podía creerlo.

En mitad de la noche traté de quebrar esa irrealidad enviando un mensaje a alguna emisora. Ya era tarde, pero tal vez Coppermine, un puesto comercial a unos ciento sesenta kilómetros al sur, pudiera escucharnos. Envié nuestra posición: «Sobre... cabo... Crocker... norte... de... Bathurst... ensenada... 3:45 GMT... Lindbergh». ¡Ojalá alguien nos hiciera caso! En un atolondrado impulso, envié el mensaje en onda corta a la estación de North Beach, cerca de Nueva York. Allí eran las once menos cuarto de la noche. No percibí ningún sonido, ninguna respuesta a mi mensaje, pero oía a través de los cascos el ininteligible traqueteo de alguna estación grande: quizá Edmonton, quizá Chicago o Nueva York. Quizá incluso Japón o China, al otro lado del mundo. Volví a sentarme y cerré los ojos ante las grises tierras baldías que se extendían abajo, territorios lunares. Como una exiliada en otro planeta, escuché la lejana cháchara del mundo.

Por fin se puso el sol. Atrapado justo debajo del horizonte, siguió iluminando el cielo con un extraño resplandor verde, como el de un eclipse parcial. En ese momento volvimos la espalda a la visión y pusimos rumbo al sur, hacia Aklavik. Delante se extendía la tierra oscura hasta muy lejos.

Al doblar la curva, los dos teníamos ya sueño. Charles, que había estado a los mandos durante todo el vuelo, me los dejó para dar una cabezada, luego cambiamos y me dormí yo, y así varias veces. En un momento, me despertó una sacudida. Hubo un chisporroteo: crep, crep, crep. El motor se paró. El morro empezó a descender. Oscilamos hacia delante. Vi a Charles agachado frente a las válvulas de combustible. Luego el chisporroteo reconfortante, el crepitar del motor arrancando de nuevo. Uno de los tanques de los pontones se había secado. Nada más que eso. No obstante, ya estaba desvelada y me preguntaba cómo aterrizaríamos si el motor fallaba. Había volado guiándome por la brújula y por la difuminada línea del horizonte, como el poso de una botella de vino. Bajé la vista hacia el suelo.

Allí abajo, en toda la tierra alrededor, como un kilométrico y enmarañado hilo de plata, se extendían los meandros del erosionado caudal del río Mackenzie en el último y lento tramo de su curso hacia el mar de Beaufort. Tantas y tan tortuosas eran las corrientes que conformaban ese delta descomunal que me pregunté si llegaríamos a encontrar la ansiada curva del río en Aklavik. Cada corriente circular tenía, más o menos, el mismo curso, los mismos afluentes; algunos ocasionales, otros medio obstruidos por el fango y otros del todo contenidos en un extremo, formando lagos lunares, hoces de agua plateada.

En el descenso, conforme sobrevolábamos la superficie de una de las corrientes, no podíamos ver las otras, pues las orillas estaban cubiertas de pinos. Una visión extraña en aquella tierra desprovista de árboles, como si el gran ejército de abetos que escoltaba al río Mackenzie durante un breve trecho hubiera decidido no abandonarlo del todo hasta el final del viaje, marchar a su lado incluso en esa tierra infértil, como una estrecha legión verde.

Eran las tres de la mañana cuando por fin encontramos el asentamiento, bastante grande para el norte, de unas veinte o treinta casas, dos iglesias, una antena de radio e incluso otro avión en la orilla. A esa hora había tanta luz que la gente salió de sus cabañas con cámaras para sacarnos fotos.

Cuando el rugido del motor se apagó, oímos por primera vez ese sonido tan peculiar del norte, una algarabía de perros aullando. La expresión «perros aullando» remite a patios traseros, pero aquello era distinto, era el grito de un animal salvaje. Y también, en esencia, el grito de resentimiento hacia el intruso, un pájaro extraño que, bramando río abajo, había roto el silencio de su blanca noche.

Al día siguiente, una nueva intrusión del mundo exterior: llegaba el barco. Los *huskies*, que habían empezado a protestar de buena mañana, siguieron aullando mientras la aldea entera concurría a su día de fiesta. A mediodía, una tranquila procesión se había formado cerca del sendero donde arribaría el barco. Una multitud de inuits: mujeres con amplias faldas de calicó, hombres con capuchas puntiagudas, niños escarbando en el polvo, todos sonrientes y tímidos. Entre ellos había una enfermera canadiense del hospital vestida de blanco.

—Pobre Kay —oí detrás de mí—. Hoy le toca trabajar y no va a poder verlo. —Entonces caí en la cuenta de que no poder presenciar la llegada del barco suponía una enorme tragedia.

Estaba la policía montada con sus abrigos rojos, todos con la cabeza y los hombros bien erguidos por encima de la multitud. Los tres radioperadores especulaban acerca de cuándo llegaría el barco.

Por el sendero desde la escuela de la misión avanzaba un trenecito de niños inuits en fila, conducidos por dos hermanas de la caridad de Montreal, y todas las niñas llevaban un pañuelo magenta en la cabeza. Los amplios y grises faldones de las monjas rozaban el suelo, como en los cuentos de Old Mother Hubbard.[5] Unos sombreros victorianos acampanados ocultaban sus rostros lisos y brillantes. Parecían tan delicadas como las figuras de los viejos grabados franceses, demasiado delicadas para sobrevivir a los duros esfuerzos que exigía el norte, pero al día siguiente, cuando inspeccionamos la endeble casa de la misión, descubrimos lo bien que se habían adaptado a la vida en el lugar. En la escuela, los niños inuits no solo aprendían a coser y cocinar, a hacerse vestidos y zapatos, a fabricar muebles y cuidar plantas, sino también a pescar y limpiar y secar el pescado —los inuits alimentaban a sus perros y a sí mismos a base de pescado seco—. La hermana canadiense que me enseñó el cobertizo donde se secaba el pescado se frotó las manos tras cerrar la puerta y, mientras nos invadía una vaharada de hedor, afirmó: «Esto *paga* nosotras fue muy *dugo* de *aprendeg*». Claro, pensé, para ellas era más fácil enseñar a hacer las guirnaldas de papel y los farolillos que decoraban las paredes del aula de juegos. Unos adornos de

[5] Anciana muy popular, protagonista de una serie de cuentos ingleses del siglo XIX.

papel de encaje y coronas enmarcaban imágenes coloreadas de Cristo. En el aula de los niños, colgando del techo, había una antigua tarjeta de San Valentín que se abría como un acordeón para desplegar un avión azul de papel cubierto de nomeolvides y rosas con Cupido montado en él. «Es que todos los niños *adogan* los aviones», explicó la hermana de rostro dulce.

Sin embargo, lo que llegaba hoy era el barco. Los aviones eran un sueño, el barco era real. Al igual que la Navidad, llegaba muy de vez en cuando y cargado de regalos. Ya a la vuelta de la esquina, dio un último resoplido empujando una gabarra. Barrigudo y de color blanco, como uno de esos antiguos barcos de recreo del río Hudson, sus grandes ruedas levantaban una estela de espuma. Todos miraban la gabarra estibada con bidones de gasolina, cajas, sacos y, en mitad de la cubierta, un grupo de *huskies* de aspecto zarrapastroso.

«A lo mejor en esa caja está mi motor», «¿Ves la bañera?». Todo el mundo especulaba, como niños en Nochebuena al entrever un atisbo de los misteriosos paquetes. «No parece traer mucha gasolina, espero que dentro haya más bidones», señaló alguien. «¡Espero que vengan mis zapatos!», exclamó una niña muy guapa. «Mira esos *huskies*… Seguro que llevan mucha policía a cuestas, no parecen tan fuertes como los otros».

En ese momento, y justo a la vez que el silbido del barco, se oyó un tremendo alboroto. Los perros de la orilla habían descubierto a sus rivales en la gabarra. La intrusión de botes, aviones y gente extraña ya los había alterado mucho, pero la llegada de un grupo de perros extraños se traducía en guerra. Por el momento, solo podían protestar mediante aullidos, mostrar los colmillos y jadear atados a sus cadenas. De haber estado sueltos, se habrían destrozado entre sí, peleando como tienen por costumbre, en grupos enfrentados.

Un instante de suspense antes de que el barco quedara amarrado a la orilla. Aún era un barco, un hijo de las aguas, y ahora, con los azotes de las cuerdas, el rechinar de las cadenas y el largo estremecimiento al bajar la pasarela, ya estaba en tierra.

La multitud se precipitó a bordo. «¡Esperen, primero tienen que quitar el timón!». Este al principio salió dócilmente de las fauces de la bodega guiado por la argolla del morro, pero al encontrarse solo en mitad de la rampa, ante un bullicioso gentío y un escenario de perros salvajes, se resistió y miró alrededor con gesto imperioso, recordándome una de esas imágenes de reyes cautivos arrastrados en las procesiones triunfales de los conquistadores romanos. Luego un tirón por delante, un empujón desde atrás, y salió exhibiendo una dignidad infinita.

«¡Ya podemos subir! ¡Mira, Aggie ya está en la cubierta de arriba!». Y la muchedumbre cruzó la pasarela, atravesó la bodega y subió las escaleras hacia la cabina principal y la oficina del sobrecargo, donde formó una fila a la espera de cartas, paquetes y noticias procedentes de la carga. Quienes ya habían encontrado sus pertenencias deambulaban por los muelles y las cantinas, pensando quizá en la última vez que estuvieron allí, durante el viaje hacia su nuevo hogar desde Edmonton o algún lugar del sur de Canadá. El barco, entonces, les pareció un mundo autosuficiente. Ahí se paseaba, ahí se comía, allá se charlaba en los asientos. Nada de lo exterior importaba. Las ventanas, las paredes del barco eran bastiones que excluían todo cuanto procedía de fuera. Las orillas llenas de lodo, los pinos, los asentamientos pasaban de largo sin arañar la conciencia. Eran diapositivas de postales irreales. Hoy, sin embargo, al sentarse en la cantina del barco y contemplar las orillas de ese nuevo hogar, no costaba mucho darse cuenta de que era el barco lo que se había vuelto irreal, lo que empezaba a encoger frente a la emergente importancia de la nueva vida. Ante la vívida y atestada orilla, el barco se volvía transparente, desvaído. Ya no era inexpugnable. Aklavik, con su flujo de asociaciones y significados vivaces, irrumpía abriendo puertas y ventanas, derramándose por los ojos de buey, volcándose sobre la cubierta y despojando al barco de todo rastro de vida propia. Así, no quedaba sino mirar alrededor con asombro y verlo como siempre había sido, una fina concha a través de la cual palpitaba sin cesar el mar de la vida.

Cayó la tarde en el campamento del río. La resaca de la agitación matutina batió como una ola los patios y porches. Cajas y paquetes a medio abrir, listones de madera rotos, papel de embalar, virutas y cartones yacían desparramados frente a las cabañas. Corrillos de gente se reunían alrededor de cada pila para examinar los despojos del día.

—¡Aquí está el nuevo tanque para la lancha motora! —El médico se inclinó sobre una caja entreabierta con un martillo en la mano—. ¡Ay, pero si este no es el que pedí…! ¡Jennie, se han equivocado! Mira que les escribí especificando todos los detalles, ¡y ahora no puedo usarlo! Tengo que esperar al año que viene. —¿Y si tuviéramos que esperar un año entero para recibir una pieza nueva del coche? Pues ese tanque era mucho más necesario. Su importancia podía medirse en vidas. El doctor lo quería para su lancha, que constituía el medio de transporte más rápido en verano. Debía cubrir un radio de varios cientos de kilómetros en invierno y verano, en barco y con perros, para atender a los enfermos. Extraer muelas, asistir en los partos, operar apendicitis, tratar tuberculosis…, ese era su día de trabajo. Su bote más grande, el Médico, estaba acondicionado como hospital, con sala de operaciones incluida, y con él visitaba los lugares más periféricos una vez al año. Los inuits debían «guardarse» todas las dolencias para la visita anual del doctor. Con la lancha motora podía atender las urgencias mucho más rápido, pero apenas tenía radio de cobertura porque el tanque de gasolina era muy pequeño—. ¡Yo esperaba que ahora, con el nuevo tanque…! —Dejó caer el martillo, desalentado—. Pero ya ves, este no sirve.

Dos de los radioperadores se alejaron con una caja a hombros.

—¡Nos han traído la bañera! —gritó uno volviéndose hacia atrás—. ¡Ya no podrá dárselas de superior! ¡Una bañera de verdad! —Hasta entonces, el doctor era el único que tenía bañera en el asentamiento, una de estaño sin porcelana que llenaba calentando el agua en una tetera.

En el interior de la cabaña, la mujer del doctor tenía una mesa abarrotada de regalos, un enorme barril de naranjada, caramelos y galletas, frutas y verduras, revistas… Un conjunto encantador que iluminaba toda la estancia y la mujer se negaba a guardar tan pronto.

En la casa de al lado vi a una joven desgarrando el embalaje de una bañera de bebé y tirando sin miramientos al suelo del patio el enorme cartón, decorado con querubines y cigüeñas. Después de todo, los vecinos acabarían enterándose tarde o temprano.

Abajo, en la escuela de la misión, las altas pilas de panes recién horneados se amontonaban en la cocina. Los niños cantaban en un extraño y agudo coro las canciones de las hermanas: «Bieeeen-venidos… Bieeen-venidos… sean todos aquí».

La enfermera del hospital contempló un momento el barco, ahora desierto, abrazando la orilla. El barco que la había llevado hasta allí, pensó con una punzada de nostalgia. Quizá esa noche, después de la cena, podría permitirse un rato de descanso tras un día con demasiado ajetreo.

Un *husky* aulló desde la ribera, la última réplica de un día repleto de trifulcas. Se oyó un ladrido de respuesta desde el otro extremo del campamento. Y luego, silencio.

8
PUNTA BARROW

Pip-tuu-tuu, tuu-pip-pip-tuu, tuu-pip-pip-pip. «WXB… WXB… WXB… de… KHAL». El confuso zumbido de mi propia emisión me acaparó los oídos. A través de la cabina podía ver la niebla sobre el agua, los inmóviles montones de lana gris perla con retazos gris oscuro aquí y allá. Mar adentro, la blanca pared de niebla se alzaba infranqueable y quieta, como los bloques de hielo de los que emanaba. Tierra adentro, bajo las islas flotantes de niebla, se extendía la baldía tierra ártica. Nos dirigíamos hacia allí, en nuestra única oportunidad de alcanzar Punta Barrow, el desolado extremo norte de Alaska. ¿Podríamos atravesarla esa noche? Solo si el tiempo no empeoraba más allá. Tenía que hacer llegar el mensaje al operador de Barrow.

«WXB… WXB… WXB», llamé.

«Pip-tuu-pii». Un pitido agudo y nítido me llegó al receptor. ¡Ahí estaba! Al lado del aparato, aunque lo había llamado fuera de horario. Entonces, había en verdad un hombre esperándonos, pensé aliviada. Había en verdad un lugar llamado Punta Barrow. No estábamos saltando por el espacio sin red. En algún sitio de aquella tierra blanca y salvaje había un hombre que nos escuchaba, nos guiaba.

Le envié mi mensaje: «Volamos… con… niebla… y… lluvia… hacia… tierra… ¿tpo, pf? (tiempo, por favor)».

Pude leer la respuesta con claridad, y la escribí rápido para no perder ni una palabra: «Banco… de… niebla… baja… encima… del… hielo… ahora… despejado… se… espera… que… pase… pronto… por… tierra… visibilidad… dos… kilómetros…». Enseñé el cuaderno a Charles en la cabina delantera. Le echó un vistazo y asintió, lo cual quería decir: «De acuerdo. Eso es lo que quería saber. Seguimos entonces».

Durante horas, continuamos atravesando aquel mundo movedizo e irreal de neblina. Aquí una nube, allá una llovizna; aquí un muro, allá, derritiéndose muy rápido, un hueco por donde traslucían las metálicas escamas del mar. No había espejismos. El acero ondulado de abajo era real. Si lo atravesábamos volando a ciegas, quizá se convirtiera en acero de verdad. A veces parecíamos cabalgar sobre su lomo escamoso y luego, con un rugido, subíamos para trepar por aquel vacío blanco. Ni rastro de tierra alrededor, ni rastro de mar o cielo, solo los instrumentos que nos señalaban la posición del aeroplano. Entonces Charles empezó a volar en círculo hacia abajo otra vez y me indicó que enrollara la antena. Estábamos demasiado cerca del agua. La bola del extremo podía romperse. Cabía la posibilidad de tener que hacer un aterrizaje forzoso en aguas abiertas y que tanto la bola como el cable se desprendieran con el impacto. Así, me tomé ese gesto como una señal de peligro y esperé tensa la siguiente indicación: «Ya está. Desenróllala otra vez». A veces salíamos de la niebla no a la luz del día, sino a una extraña noche gris. El sol ártico justo debajo del horizonte seguía iluminando el cielo con un resplandor que no pertenecía ni al amanecer ni al crepúsculo. Una luz fría y gris que parecía brotar de los bloques de hielo.

Ya debíamos de estar muy cerca. ¿Podríamos atravesar lo que nos quedaba o tendríamos que volver atrás? La niebla se cerraba a nuestro paso. Tal vez fuera imposible regresar a Aklavik. Una nota de la cabina delantera: «¿Tiempo en Barrow?». Volvíamos a volar bajo la niebla, demasiado bajos como para arrastrar una antena larga. Desenrollé unos centímetros de cable que no me permitirían enviar mensajes, pero bastaban para recibirlos. Todo dependía del hombre de Barrow, de si seguía emitiendo pese a nuestro silencio. No teníamos potencia suficiente como para transmitirle nuestra situación.

«El tiempo, envíanos el tiempo», rogué mentalmente mientras me ponía los cascos. Silencio. Unas volutas de niebla se deslizaron por nuestro lado. Ahí estaba llamándonos: «tuu-pip-tuu, pip-pip-pip-pip». Dos, tres, cuatro veces y luego otra vez silencio. Contuve el aliento. «El tiempo, el tiempo». Ahí estaba de nuevo. «¿Me… escuchan?», decía el mensaje. Otro silencio. Esperaba mi llamada. «Sí, sí —respondí para mis adentros—, pero no puedo enviar. ¡Venga, el tiempo!».

«Tuu-pip-tuu; pip-pip-pip-pip». Ahí estaba. Fui transcribiendo letra por letra hasta descifrar el mensaje despacio: «Niebla… despejándose… rápido… (¡Sí, lo había comprendido! ¡Qué bien!) visibilidad… cinco… kilómetros… (¡Lo conseguimos!) Encontrarán… laguna… sin… problema». Eso era justo lo que queríamos. Le enseñé el cuaderno a Charles emocionada. El operador de Barrow nos había salvado, podíamos seguir tranquilos. «Niebla despejada, visibilidad cinco kilómetros». ¡Qué hombre más maravilloso!

Ahora podíamos ver la franja costera, llana y gris, que observamos con detenimiento para localizar Punta Barrow. ¿Serían casas aquellos bloques alineados, irregulares y blanquecinos? No, conforme nos acercamos vimos que eran unos extraños bloques emergidos de la capa de hielo y aplastados contra un pequeño puerto; pero quizá sí, quizá eran casas. Habíamos llegado a una pequeña lengua de tierra encajada entre dos bloques de hielo. Sí, eran casas. Contemplamos ansiosos las cuatro chozas destartaladas y unas pocas tiendas del mismo color que los bloques de hielo. ¿Era eso Barrow? Casi me eché a llorar decepcionada al observar aquel lugar desierto. Ni rastro de gente, ni rastro de humo, ni rastro de vida. Eso no podía ser Barrow. Mi primer pensamiento fue un poco infantil: «Pero si el hombre nos prometió una buena cena de Acción de Gracias. Si ahí no hay humo, ¿cómo va a haber cena?». Sentía un hambre atroz. Trazamos otro círculo en el aire. «No, ¡no hay antena de radio! —pensé aliviada—. No puede ser Barrow». Seguimos el litoral hasta encontrar un conjunto un poco más amplio de casas bastante nuevas entre un bloque de hielo y una laguna abierta. Eso era Barrow: una docena de tejados rojos, muchas chozas y tiendas, un campanario y —sí, ahí estaban— varias antenas.

Aterrizamos en la laguna. Me quité los dos gruesos pares de calcetines con los que siempre volaba y me puse unos zapatos de suela de goma para caminar. Aunque no hacía mucho frío, tenía los pies dormidos cuando nos dirigimos al pequeño grupo de gente congregado en la orilla. Un grupo extraño, todos acurrucados muy juntos bajo la penumbra de la noche ártica. Al principio, cuando vi las capuchas puntiagudas, las parkas de piel y las botas de piel de foca, pensé que eran todos inuits. Luego vi que no, que aquel del chaquetón caqui debía de ser el operador de radio. Sentí una oleada de gratitud y lo saludé con la mano. Mientras enfilábamos la escarpada orilla, el grupo de inuits retrocedió, con una actitud de respeto y asombro nunca vista en los corrillos que acostumbraban a recibirnos. Al retroceder, surgió un grito enorme, no un chillido sino un grito profundo y lento de bienvenida, semejante a la tierra desolada y la capa de hielo que lo envolvían.

A continuación, después de los saludos y un murmullo confuso de voces, eché a correr tras los demás a través de los musgos helados hacia una casa de madera iluminada. Mi anfitriona, la mujer del médico, iba delante de mí. Me precipité hacia los escalones de madera de la entrada con los pies aún dormidos mientras ella abría la puerta. La calidez de la lumbre en la cocina, el resplandor de las lámparas de gas y el delicioso olor a boniato y magdalenas recién horneadas se derramaron alrededor para darme la bienvenida.

Una larga mesa dispuesta con ocasión de nuestra «cena de Acción de Gracias» ocupaba el comedor. El mantel blanco, los bordes de los platos y las curvas de las cucharas atrapaban la luz de las lámparas que se mecían justo encima. Eché un vistazo rápido y sentí la atmósfera de la típica casa estadounidense: las cortinas de *chintz* descorridas y anudadas a un lado, los cuadros con «escenas campestres» en las paredes, los brillantes cojines del sofá y, un poco más allá, en la ventana, una maceta de capuchinas trepadoras.

En la otra ventana que daba al sur, reparé en una tomatera inclinada por el peso de un tomate verde. Mi anfitriona sonrió: «Ese tomate no madurará, ¿sabe? No tiene suficiente sol, pero al menos las hojas crecen y podemos olerlo. Aunque sea solo por el olor, nos gusta tener hortalizas». Me asomé a contemplar el musgo gris pálido del suelo. «Esta tierra no puede cultivarse —prosiguió—. Al principio lo intenté, pero no es más que arena helada. Nada crece salvo el musgo. Traje la tierra de la tomatera en una caja desde Nome».

¡Nada de verduras! Traté de comprender el alcance de lo que me contaba. Todas las provisiones llegaban una vez al año en un barco que rodeaba el extremo de Alaska desde el pueblecito minero de Nome. Solo durante uno o dos meses de verano las heladas aguas se derretían lo suficiente como para que el barco se abriera paso hasta Barrow, e incluso entonces los bloques de hielo, encallados contra la orilla a veces durante semanas, podían impedir el desembarco de las provisiones. Ese año el Northland, que también traía nuestra provisión de gasolina, estaba fondeado a ciento cincuenta kilómetros de la costa, esperando a que el viento cambiara y alejara el hielo de la orilla. «El maestro y su mujer están esperando a su hija, que viaja a bordo».

La «familia» del asentamiento empezó a llenar la casa, amontonando las parkas y las botas de piel de foca en la cálida salita. Cada miembro desempeñaba un papel crucial en la vida del asentamiento.

El médico y pastor, nuestro anfitrión, era el líder de la comunidad y había construido la casa parroquial donde nos alojábamos. Su hijo, que vivía fuera, lo había ayudado con los planos. Los inuits, a las órdenes del doctor, habían medido y colocado todos y cada uno de los tablones y tornillos. Habían puesto un aislamiento especial en el suelo porque era imposible instalar una caldera en la bodega. Si empezaba a descongelarse el suelo, la casa corría el peligro de hundirse. Además, una caldera necesitaba mucho gasoil en una región con gran escasez de combustible. Las ventanas de triple hoja estaba todas selladas: eran para dar luz, no para ventilar. Las ventanas que se abren y cierran siempre crean corrientes. Las habitaciones se ventilaban con tubos que dejaban pasar el aire de forma indirecta, pero mantenían a raya la nieve y la lluvia. El calor de la cocina llegaba a las habitaciones de arriba a través de unos ventiladores. Había grandes estufas en todas las habitaciones. El doctor había instalado un tanque de agua conectado a unas tuberías para tener agua en el piso de abajo, calentada por el fogón de la cocina. Además de su trabajo como arquitecto y carpintero, oficiaba el servicio cada domingo, impartía clases de catequesis los miércoles, preparaba a su hijo para la universidad y era médico, cirujano y dentista.

Su mujer y otra enfermera titulada se encargaban de llevar el hospital. El invierno anterior había habido una epidemia de difteria en el asentamiento. El pequeño hospital se vio sobrepasado, pero al final habían conseguido atender a los pacientes con la ayuda de unas cuantas jóvenes inuits sin formación.

El maestro y su mujer trabajaban en una casa caldeada con una única estufa. Una de las inuits, que había estudiado en la universidad de Sitka al acabar la escuela de Punta Barrow, había regresado ese curso para dar clase. El operador de radio mantenía a la comunidad en contacto con el mundo exterior. La radio era su único medio de comunicación, aparte del barco que venía una vez al año y el correo, que en invierno llegaba unas cuantas veces en un trineo tirado por perros. El radioperador también era responsable de mantener al mundo exterior en contacto con la comunidad, de modo que enviaba informes diarios sobre las condiciones meteorológicas en el Ártico. Su mujer se ocupaba de una niña de nueve años y un bebé de seis meses llamado Barrow.

Durante la cena, un ballenero escocés vino a completar el círculo. Llevaba cuarenta años sin salir «fuera» y nunca había visto un teléfono ni un automóvil, aunque la radio había entrado a formar parte de su vida y ya habían aterrizado unos cuantos aviones cerca de su casa: la expedición polar Wilkins había establecido su base en Barrow y el año anterior, durante la epidemia de difteria, un avión había llevado un cargamento de suero. Me sorprendió darme cuenta de que la radio y la aviación, que daban cuenta de los últimos avances de la civilización, habían alterado en profundidad la vida del antepuesto, mientras que el tren, el teléfono y el telégrafo aún permanecían ignotos.

Nos sentamos a una verdadera mesa de Acción de Gracias. Las provisiones eran escasas, pero todos se habían esforzado en reunir sus existencias para el festín. La carne de reno salió de la bodega comunal, una enorme despensa excavada bajo el hielo. El radioperador trinchó un ganso salvaje cazado por allí cerca. Aún quedaban algunas conservas de boniatos, guisantes y remolacha. Incluso había una ensalada de encurtido de apio y frutas en lata. Algunos llevaron huevos encurtidos para la mayonesa, otros harina para las galletas de soda, otros café… Ahora bien, confieso que el colofón de la noche, el toque más generoso y extravagante, no supe apreciarlo. La enfermera había cultivado un poquito de perejil en una maceta del hospital y lo trajo para depositarlo sobre la fuente de carne. Yo lo traté como un mero adorno.

El domingo, todo el pueblo inuit subió la colina hacia la iglesia de madera blanca. Los hombres con sus chaquetones de piel y grandes botas de piel de foca; las mujeres con sus bebés a la espalda ataviadas con sus vestidos sueltos de calicó forrados de piel; y los niños de ojos brillantes y rasgados, todos salieron de sus tiendas y chozas para enfilar la cuesta. El servicio dominical era una ocasión especial, y todos estaban muy sonrientes y alegres. Nadie quería perdérselo. Busqué a los amigos inuits que había hecho en los últimos dos o tres días, como Lottie, que nos había guiado por el hielo durante la víspera. Al correr, jadeaba inclinándose de un lado y del otro, como los osos. Pude verle el vestido de calicó verde entre la multitud. Ned y su mujer nos hicieron un gorro y unos mitones de piel. Bert se ocupaba del colmado del pueblo y supervisaba la matanza del reno para proveer los suministros invernales. Lo conocimos el día de la reunión, cuando transportaba cadáveres de animales en un trineo, limpios y envueltos en un paño. Y ahí estaban las chicas que habían ayudado a preparar la cena de Acción de Gracias, tímidas y sonrientes, con el pelo negro peinado con elegancia; y la mujer que nos regaló un arpón ballenero en miniatura hecho con un colmillo de morsa. Todos ellos se apiñaban entre los bancos de madera de la iglesia. Durante el servicio se oía un murmullo general y varios niños llorando. Cuando alguno lloraba mucho, la madre se levantaba a regañadientes, se recolocaba el bulto en la espalda, un poco más arriba, y salía con andares torpes, pero nada distraía a la congregación. Hombres, mujeres y niños permanecían atentos, inclinados hacia delante, observando al pastor con semblante serio. Muchos no entendían el inglés, e incluso aquellos que lo habían aprendido en la escuela se quedaban perplejos al oír los salmos entonados por un pastor en una ladera reseca.

«Nos hemos descarriado, como las ovejas», empezaba la lectura. ¿Y qué significaban para ellos las ovejas? Evoqué los pedregosos pastizales de Nueva Inglaterra y los grises lomos correteando entre los arbustos de arándanos y juníperos.

—Como los renos que se desperdigan por la tundra —aclaró el pastor, y todos asintieron. Eso sí que lo entendían.

«Vuestros graneros se colmarán», e imaginé unos amplios silos rojos y carromatos de heno retumbando colina arriba, pero ¿qué imaginarían los inuits?

—Vuestras bodegas se llenarán de carne de reno —dijo el pastor en respuesta a mi pregunta.

«Vuestros bueyes serán impetuosos», rezaba el siguiente versículo.

—Vuestros perros empujarán con fuerza —prosiguió el pastor.

«El poder de Dios». ¿Cómo explicaría la noción abstracta de poder?

—A veces, cuando los hombres salen a cazar ballenas, los barcos se quedan atrapados en el hielo —empezó—. Entonces rompemos el hielo con dinamita para que puedan salir. Eso es poder, dinamita, la dinamita de Dios.

«Tuyo es el reino, tuyas la dinamita y la gloria por los siglos de los siglos. Amén», recité para mis adentros.

La congregación se levantó para cantar. El hijo pequeño del maestro era el organista y hacía los coros: «Glooooria para mí, glooooria para mí». Era un himno animado en general, pero cantado por aquella gente en un sonsonete tan alto, perdía un poco su condición eterna, como si se quedara resonando una y otra vez sobre las tundras grises. «Sería glooooria para mí, glooooria para mí».

Una mañana, al despertar, nos encontramos con que el tiempo había cambiado. El sol era una luna pálida tras la neblina dispersa. «¿Has revisado tu plan de radio? Tenemos que pensar en marcharnos», dijo Charles. Salí corriendo por el malecón cubierto de musgo hacia la choza gubernamental donde se encontraba la radio.

Según ellos, el tiempo no había cambiado lo suficiente. Todos estaban mirando el palo de la bandera de la casa parroquial. «Aún sopla viento del noroeste», dijeron. El bloque de hielo seguía abrazando el litoral y el barco, el Northland, varado en el cabo Icy.

—¡A lo mejor lo veis desde el avión! ¡Hacedle alguna señal!

—Cuando salgáis, quizá leáis en algún periódico si nuestro barco llega o no. Casi siempre llega, pero cuando no puede…

Todos se reunieron alrededor del avión para despedirnos.

—Ya no nos queda mantequilla.

—Ni harina.

—Ni té ni café.

—Yo lo que de verdad echo de menos es un paquete de cigarrillos —confesó el radioperador con una sonrisa. ¡Un paquete de cigarrillos! Ojalá hubiéramos pensado en llevar unos cuantos. Nuestro pesado avión no podía cargar mucha comida, pero un paquete de cigarrillos, unos periódicos, algo de fruta… Anhelé tener algo para darles. Al menos podíamos llevarnos sus cartas. Alguien tenía una hija en China, y nosotros —aunque les costó creerlo— íbamos a China.

—¡Adiós! ¡Volveremos a vernos! —Tal vez el veterano ballenero nunca se enfrentaría a los cláxones de los coches y el tintineo de los tranvías, pero los demás puede que se marcharan de Barrow algún día. El hijo del médico volvería a la universidad. Un joven inuit seguía un curso de aviación por correspondencia y era muy optimista al respecto. El pobre estaba esperando a que el Northland le trajera todo el material de trabajo para el curso siguiente.

Nos pusimos la pesada ropa de vuelo. Me calcé las botas que me habían regalado encima de los dos pares de calcetines gordos. Cosidas y modeladas por las mujeres inuits a base de piel de foca, eran las botas más cálidas, secas y ligeras que había llevado nunca. Al ponerse el traje de vuelo, Charles golpeó un bulto con la rodilla: ¡una naranja que nos habían dado en Churchill una semana antes!

—Tenga, a lo mejor le apetece —dijo tendiéndosela a la mujer del médico, casi con un ademán de disculpa.

—¡Una naranja! —La sostuvo entre las manos un instante, como si se calentara con su brillo, entusiasmada cual niña antes de gastarse su moneda de cumpleaños—. ¡Ya sé lo que haremos! ¡Se la daremos al bebé! ¡Qué maravilla! ¡Para Barrow!

9
EN LA OSCURIDAD

—¿A qué hora anochece en Nome? —Charles me pasó la notita escrita a lápiz desde la cabina. ¿Anochecer? Había olvidado por completo que anochecía sobre la tierra. Llevábamos varios días volando por los territorios del sol de medianoche, aunque en realidad en agosto el período ya había llegado a su fin. El sol se ponía, pero el cielo no se había oscurecido en ninguno de nuestros trayectos, ni del lago Baker a Aklavik ni de Aklavik a Barrow. Hoy, sin embargo, la luz empezó a desvanecerse bastante rápido sobre las ocho y media. Los rayos de sol remanentes se proyectaban dorados en las ensenadas y lagunas de la costa. Habíamos doblado el recodo de Alaska al partir de Punta Barrow y volábamos al sur, hacia el pueblecito minero de Nome, en el litoral de Bering. Era una ruta desconocida, un puerto desconocido, y necesitábamos luz para poder aterrizar.

«WXB… WXB… WXB». Después de tratar en vano de ponerme en contacto con Nome, llamé a nuestro amigo de Barrow. «Sin… noticias… de… WXY (Nome)… ni… WXW (Kotzebue)… Hora… puesta… de… sol… en… Nome?». Las tenues señales trazaban huellas incomprensibles en mi mente para luego desdibujarse. Era inútil, no lo conseguiría. Tenía que hallar otra manera.

«No… puedo… copiar… tus… señales… contacto… NRUL (el Northland)». Cerré la transmisión. No había tiempo que perder. Volví a intentarlo: «NRUL… de… KHCAL… sin… noticias… de… WXY… Hora… puesta… de… sol… en… Nome…?». Nada. Los destellos del tubo de escape brillaron detrás en el crepúsculo cada vez más oscuro.

¿De verdad se haría de noche? No había visto el cielo oscurecido desde el lago Baker, desde la tarde en que partimos a las siete para emprender aquel temerario vuelo nocturno. Ahora me pareció una especie de locura haber salido a aquellas horas. Pronto anochecería, o eso me pareció, y entonces volaríamos de noche por una región desconocida con tiempo incierto hacia un destino ignoto. ¿En qué estábamos pensando al despilfarrar la luz de aquella manera? Nosotros, que siempre aprovechábamos cada resquicio, siempre madrugábamos para volar, levantándonos a las tres o las cuatro de la mañana para no perder un segundo de preciosa luz, y con los primeros rayos de luz ya estábamos listos en la pista de despegue, con el motor a punto y la intención de «aterrizar cuando oscureciera». El anochecer, ese toque de queda en la mente del aviador, cuando las puertas se cierran, las persianas se bajan y no hay forma de dar vueltas ni apretujarse bajo la reja si llega tarde.

Sin embargo, aquella noche en el lago Baker nos dirigíamos al norte, hacia la tierra del sol de medianoche.

—¿Habrá luz toda la noche? —preguntamos en tono incrédulo, aunque sabíamos que iba a ser así.

—Claro, no anochecerá si toman esa ruta hacia el norte —aseguró el guarda—. ¡Tendrán luz todo el camino!

Atravesar ese extraño mundo de días interminables era como adentrarse muy despacio en la invisible frontera del país de las hadas sobre el que tantos poetas irlandeses han escrito, ese mundo sin tiempo de Fionn y Saeve,[6] o el mundo de Thomas Rhymer.[7] Nos marchamos del lago Baker al atardecer, un atardecer que nunca florecería en noche, nunca envejecería. Partimos tranquilos y despreocupados, embriagados por una nueva sensación de libertad hacia ese mar claro e infinito que era el día. Podíamos seguir y seguir sin acercarnos a las orillas de la noche. El sol se pondría, la oscuridad reinaría en las calas desnudas y treparía por las tierras baldías que dejábamos, pero jamás lograría sobrepasarnos. La oleada de noche se encresparía y levantaría detrás, sin llegar a romper sobre nosotros.

Sin embargo, ahora nos dirigíamos al sur. Charles encendió las luces del tablero de mandos. Nos quedaba poca gasolina, pues los barriles con los que habíamos previsto repostar estaban en el Northland, el barco atrapado en el hielo, de modo que no habíamos llenado el depósito desde Aklavik. No había posibilidad de volver atrás, teníamos que aterrizar antes de que anocheciera.

«NRUL… NRUL… Hora… puesta… de… sol… en… Nome…?».

Recordé que en Barrow incluso habíamos deseado un poco de oscuridad. Al acostarme la primera noche, había bajado las persianas para tratar de crear un ambiente nocturno. Para dormir bien se necesitan abismos oscuros e inmensos en los que sumergirse; la luz del día es demasiado somera, incapaz de cubrir esas profundidades. En Aklavik también había echado de menos la puntualidad

[6] Fionn era un guerrero de la mitología irlandesa, que junto con Saeve o Saba engendró a Ossian, el mayor poeta irlandés.

[7] Thomas Learmonth de Erceldoune, poeta escocés del siglo XII.

de la noche. Había luz al acostarnos y luz al despertarnos. La misma luz que se vertía sobre el desayuno, la comida y la cena y persistía a la hora de irse a la cama, de modo que me costaba mucho sentir que tenía hambre o sueño.

Sin embargo ahora, al ver indicios de que la noche se aproximaba —las lagunas y ensenadas absorbían la luz caída del cielo poco a poco—, me asusté. Sentí el terror de un salvaje al ver el primer eclipse, como si no conociera la noche. ¿Qué era? Anhelé la claridad diurna llena de asombro, espanto y curiosidad, como una exploradora de otro planeta, como la anhelaba Emily Dickinson:

> ¿De verdad puede haber una «mañana»?
> ¿Existe eso que llamamos «día»?
> Y si fuera tan alta como ellas,
> ¿desde aquellas montañas lo vería?
>
> ¿Tiene pies como todos los nenúfares?
> ¿O quizá tiene plumas como un pájaro?
> ¿Es verdad que la traen de famosos países
> de los que nadie nunca a mí me ha hablado?[8]

Quizá fue la imagen «plumas como un pájaro» lo que dio respuesta a las preguntas que me desasosegaban. La sombra de un ala cubrió todo el cielo. Quedaríamos cubiertos, encerrados, aplastados. Penachos de niebla vespertina que flotaban por abajo se iluminaron ante la oscuridad que se avecinaba. Ahora sí recordaba lo que era la noche. Era quedarse ciega, perdida, atrapada. Era mirar sin ver, eso era la noche.

[8] Del poema 101, en Emily Dickinson, *Poesía completa*, traducción de José Luis Rey, Visor, 2013.

«WXY… WXY… Hora… puesta… de… sol… en… Nome?».

De repente una respuesta:

«WXN… WXN… Candle… Candle… (una de las estaciones de la costa nos había recibido). Si… WXY… no… recibe… estoy… aquí», decía el mensaje. Por fin alguien al otro lado.

«Hora… puesta… de… sol… en… Nome?».

Hubo un silencio mientras Candle transmitía el mensaje a Nome. Miré por la ventanilla mientras contenía el aliento. El mar y el cielo se habían fundido. Al volverme, vi que la oscuridad había avanzado a grandes pasos tras de mí. Tendría que vigilarla porque estaba al acecho, como una niña sigilosa jugando a los pasos. Otro zumbido en la radio. Volví a agachar la cabeza.

«Van… a… encender… fuego… en… el… río… Nome… está… nublado… y… pronto… se… hará… de… noche —decía la respuesta, y luego—: Hora… de… llegada… prevista… para… fuego?».

Le pasé a Charles el mensaje garabateado. Las luces centelleaban en la cabina delantera. Leí la respuesta bajo la luz de mi asiento: «Llegamos dentro de una hora y media. Que no enciendan las luces hasta que el avión empiece a hacer círculos y las luces parpadeen».

¡Una hora y media todavía! ¡Aterrizaríamos de noche! Habíamos virado hacia la ensenada, sobrevolábamos unas montañas y varias cimas se extendían ante nosotros. La tierra se veía más oscura que el agua. Los valles hacían acopio de oscuridad igual que las calas hacían acopio de luz. Reservorios de oscuridad, a lo largo del día guardaban lo que les quedaba de la noche anterior, pero ahora tenían las copas llenas, rebosantes y temblorosas, prestas a derramarse.

La oleada de noche trepó por detrás y, reuniendo fuerzas de cada grieta que encerraba, se elevó sobre nosotros.

De repente Charles caló el avión, ahogó el motor y, en la quietud inmediata, gritó:

—¡Dile que hay niebla en las montañas! ¡Aterrizamos para hacer noche y llegaremos a Nome por la mañana!

—De acuerdo. ¿Dónde estamos?

—No lo sé exactamente, en la costa noroeste de la península de Seward.

Sin encender la luz, empecé a teclear lo más rápido que pude: «WXN… WXN… WXN… niebla… en… las… montañas… aterrizamos… para… esta… noche… llegaremos… a… Nome… mañana… posición… costa… noroeste… península… Seward», repetí dos veces.

—¡Date prisa! ¡Voy a aterrizar! —oí gritar de la cabina delantera. Nos inclinamos en un giro abrupto.

No había tiempo para volver a intentarlo, ni para escuchar la respuesta. Imposible saber si habían recibido el mensaje, pero no podíamos esperar más. Había que aterrizar antes de que el último hilo de luz se hubiera desvanecido.

Descendimos más y más abajo con el aire frío silbando a través del carenado conforme nos hundíamos hacia la laguna. Debía enrollar la antena antes de que el avión golpeara el agua. Tenía los músculos del brazo tan rígidos que empezaron a dolerme mientras enrollaba el cable a toda velocidad, como si estuviera pescando un pez gigantesco en el fondo del mar. Una vuelta más —una sacudida, un chasquido, la bola encajó en su sitio— y todo quedó envuelto, a salvo. Ahora, agárrate para aterrizar. ¿Cómo podrá ver Charles? Un golpe, luego otro, y otro. ¡Ya está, creo que ha salido bien!, pero el avión había atravesado el agua. Debíamos de haber aterrizado con viento a favor. Entonces noté que todo cedía un poco y respiré aliviada. Nos dirigíamos hacia la línea oscura e indistinta que teníamos delante: la orilla. Cuando estábamos más o menos a un kilómetro, Charles pisó el acelerador, dejó el motor al ralentí durante unos segundos y apagó el interruptor. En mitad de la completa calma que se instauró en ese momento, salió para comprobar el pontón.

—Creo que lo mejor es quedarnos aquí fondeados. —Desenrolló la cuerda y lanzó el ancla. ¡Paf! Allí se quedó bajo el agua, con la cuerda flotando encima. ¡Dios mío! Creía que estábamos a mayor profundidad. Bueno, de todos modos, estábamos fondeados, en tierra y a salvo. En algún lugar de la costa salvaje de la península de Seward.

Ya había anochecido en Nome. La hoguera que esperaba para darnos la bienvenida iluminaría la orilla vacía mientras la multitud se diseminaba de vuelta a casa. En el punto donde nos encontrábamos de la península de Seward estaba muy oscuro. Una pequeña luz nos sorprendió en la negrura, varios kilómetros a lo lejos, tal vez un campamento inuit aislado. Hicimos una cama en el maletero con los paracaídas, los trajes de vuelo y el saco de dormir y nos tumbamos encima. La ola oscura nos arrolló y caímos rendidos.

Dormimos, pero no mucho. Yo solo tuve tiempo de dar un par de vueltas, volar sobre el mundo entero, escapar de unos salvajes, lanzar unas piedras en el mar Negro y pintar las esquinas del Mediterráneo de azul oscuro con un pincel muy largo antes de que algo cayera —bla, bla, bla— en mitad del Mediterráneo y de mi sueño. Bla, bla, bla. No estaba en el Mediterráneo. Estaba en ninguna parte. Estaba en Alaska, en una laguna muy lejos de la civilización que quizá nunca antes había pisado una persona blanca. Bla, bla, bla. ¿Serían voces?

—Ho… la.

—Charles, ¿qué es eso?

Ambos nos despertamos de un brinco. Charles se arrastró hacia la parte trasera, levantó la escotilla y echó un vistazo fuera. (Los salvajes, pensé, ¡seguro que han vuelto!).

—Hola —dijo Charles vacilante. Dos botes con techo de pieles estaban varados junto a los pontones. Desde uno de ellos, negro como una boca de lobo, una linterna encendida iluminó un círculo de rostros oscuros.

—Ho… la. —Era la misma voz gutural, que vacilaba con las palabras—. Estamos… cazar… pato.

—Ah —dijo Charles un poco perplejo—. Qué bien. (Después de todo, no estábamos en la parte salvaje de Alaska).

—¿Aterrizar… aquí?

—Sí —respondió Charles—. Estamos haciendo noche. —Sonrió—. ¿Se ven muchos patos por aquí?

—Sí, sí —dijo el hombre en tono vago sin comprender.

—¡Buena caza! —¡Estaba de cháchara a las tres y media de la mañana en medio de la costa noroeste de la península de Seward!—. Bueno, será mejor que vuelva a la cama. —Cerró la escotilla y los botes desaparecieron.

Me dormí otra vez, pero no pude regresar al Mediterráneo.

10
EL PUEBLO DE LA ISLA DEL REY GUILLERMO

EXHIBICIÓN DEPORTIVA INUIT
Mañana por la tarde a las cuatro
En la plaza Barracks y el paseo marítimo
DANZA LOBUNA INUIT CON TRAJE TÍPICO
Y en la sala de la Hermandad Ártica a las ocho
Entrada libre y gratuita
TENDREMOS A LOS LINDBERGH
COMO HUÉSPEDES DE HONOR

The Nugget, el boletín diario de Nome que reposaba sobre la mesa, anunciaba el acontecimiento del día en primera página. Llegamos al antiguo pueblo minero después de un breve vuelo desde la ensenada de Shishmaref. Cuando nos despertamos por la mañana, tras nuestra aventura con los cazadores de patos, las brumas nocturnas se habían disipado. Ante nosotros relucía una tierra prometida. Esa era la Alaska sobre la que tanto habíamos leído. En lugar de ciénagas baldías, ahora se alzaban ante nosotros infinitas montañas de cumbres nevadas. Los valles verdes cortaban la luz matutina. Y el mar, el mar de Bering, emergía en la hendidura entre dos colinas ardiendo en su resplandor azul brillante. Recorrimos la playa, una franja blanca reluciente, hacia el puerto de Safety. Una segunda línea blanca corría paralela a la orilla, como espuma o flores esparcidas. A medida que nos acercábamos, vi que se trataba de un rastro enredado de madera remolcado por la corriente, que las olas habían pulido y blanqueado en su largo viaje río abajo por el Yukón, atravesando Norton Sound y la costa hasta Nome. Todas esas astillas blancas habían llegado golpeteando, bailando, revolviéndose, ramas de un bosque ajeno, para florecer en una costa desnuda que nunca había conocido árbol. Resultaban tan insólitas en ese escenario como los tallos cerosos de la pipa de indio en el corazón de los bosques verdes, visitantes fantasmales de otro mundo.

Aún no se veían árboles. Habíamos llegado al sur desde Barrow, pero esas verdes colinas que caían hacia el litoral seguían desnudas. Un amplio sendero se abría paso por la ladera, serpenteando arriba y abajo como un látigo azotando el aire. Supuse que se trataba de un camino inuit hasta que descubrí un escarabajo negro doblando un recodo. ¡Un coche! ¡Una carretera! Llevábamos tanto tiempo sin ver una que me costó reconocerla.

Un poco más tarde avanzábamos por los baches de esa misma carretera de camino al pueblo. Era una senda de la época de la fiebre del oro bordeada de moteles antiguos, un día de viaje con perros sobre la nieve invernal; en cuarenta minutos pasamos dos moteles. Eran construcciones con tejados en ruinas que pronto quedarían obsoletas, pues los aviones que surcan los cielos remplazan a los perros a marchas forzadas. A mayor peso cargado, más barato sale el vuelo.

Nome ha cambiado mucho desde la época de la fiebre del oro, en la década de 1890, cuando se descubrió el metal precioso en las crestas de las montañas y la costa, y un largo séquito de buscadores empezó a peinar las montañas hasta el lejano cabo de Alaska; entonces, kilómetros enteros de playa se veían negros por la cantidad de hombres amontonados en las orillas tamizando arena para obtener oro, y, de la noche a la mañana, a lo largo de las calles construidas a base de tablones, surgieron bancos, hoteles, tiendas y teatros siempre atestados de gente. Veinte mil personas poblaban antaño el pueblo, que ahora apenas alcanzaba los mil habitantes.

Sin embargo, aún quedaban trazas de la antigua vida. Pasamos por delante de un cobertizo minero desierto junto a un arroyo. Epilobios, milenramas y acónitos crecían desperdigados entre la maquinaria oxidada. En la playa, dos hombres echaban arena a paladas a unas compuertas de madera, para «lavar» el oro.

«Así se sacan el jornal diario», nos explicó nuestro anfitrión al pasar junto a ellos. Delante teníamos una draga de oro en acción, con tuberías por donde el agua se hundía en la arena para descongelar el metal antes de dragarlo.

Los bancos, hoteles y tiendas seguían allí, tal y como pudimos comprobar al recorrer las calles de tablones de Nome entre traqueteos. Construcciones vacías, muchas de ellas grises, lúgubres y hundidas como un viejo escenario abandonado, cual estandartes destartalados de tiempos mejores. Aun así, Nome era un pueblo lleno de vida. Además de los numerosos negocios que vendían medicamentos y provisiones, había algunas tiendas con mocasines y objetos de marfil en el escaparate. En una ancha ventana se veía una jardinera llena de capuchinas trepadoras. Llegaban barcos repletos de mercancías y turistas. Las gabarras cargaban y descargaban en el puerto, y eso era lo que traía al pueblo de la isla del Rey Guillermo hasta allí.

Los inuits de la tribu de la isla, situada más al norte, llegaban a Nome cada verano en busca de trabajo como estibadores o vendiendo entradas para los turistas. Remaban más de cien kilómetros hasta la costa en sus enormes *umiaks*, botes de piel de morsa capaces de albergar a veinticinco o treinta pasajeros. Al alcanzar la orilla, ponían los botes boca abajo y montaban sus tiendas. Los que no trabajaban en el puerto, se sentaban bajo los techados curvos de piel, sacaban los colmillos de marfil de morsa y pasaban las horas haciendo pulseras y boquillas.

Sin embargo, nada de eso sucedía hoy. Hoy todos estaban en el muelle, igual que nosotros, para ver cómo su jefe ganaba la carrera de kayaks. Para eso era el jefe. Era más alto y fuerte, aguantaba más y bailaba y cazaba mejor que cualquier otro miembro de la tribu. Cuando ya no sobresaliera en todas esas destrezas, dejaría de ser jefe. Al mirarlo, me pregunté si también importaba que tuviera la piel más oscura que los demás. Aguardaba en el muelle cerca de donde estábamos nosotros, sacudiendo la cabeza y los fornidos hombros, envuelto en una especie de impermeable, una parka con capucha hecha de tripas de foca. Al sacar la cabeza de la abertura, advertí un mechón blanco en la negra mata de pelo y, al fijarme en su rostro, me sorprendió hallar los mismos destellos blancos en las cejas y las mejillas, como si el moreno habitual de la piel inuit estuviera borrándose. No eran marcas de nacimiento, me dijeron, sino una extraña enfermedad que, poco a poco, estaba cambiándole el color de la piel. ¿Eso haría desmerecer o bien reforzar su superioridad? Allí plantado, parecía bastante invencible, con los anchos hombros erguidos hacia atrás y la cabeza bien asentada. Incluso sus facciones resaltaban más que las de sus hombres: una boca más firme, unos pómulos más pronunciados y unos ojos de una profundidad inusitada. Sin duda pertenecía a la casta de los que nacen para gobernar la tierra.

Los tres participantes en la carrera se sentaron en sus respectivos kayaks —un bote tradicional cubierto de piel de foca salvo en el hueco donde se sienta el tripulante—. Todos se ataron los faldones de la parka alrededor del borde de madera de la abertura, para que no entrara agua en el bote. Hombre y kayak eran una sola entidad, como los centauros griegos. Empezó la carrera. Una fría lluvia nos mojaba la cara y picaba el agua de la bahía, pero los tres kayaks, mucho más delicados que una canoa, surcaban las olas como marsopas. Era difícil seguirlos con la vista. A veces las olas golpeaban a uno de ellos, o rompían encima, cubriéndolo de espuma. Al final, por supuesto, ganó el jefe y la multitud apiñada en la playa arrancó a gritar. No regresó a la orilla, sino que se secó el agua de la cara y empezó a girar su kayak para voltearlo. Un pequeño impulso con el remo y quedó boca abajo. Con qué facilidad lo maneja, pensé. Durante un terrible segundo, el bote osciló entre la espuma boca abajo, como uno de esos espantosos juguetes que siempre se quedan del mismo lado porque tienen el peso fijado en un extremo. La muchedumbre ahogó un grito, y luego soltó un «A-a-ah». Todo el mundo suspiró aliviado. El jefe enderezó el bote y sonrió mientras volvía a secarse el rostro. ¿Qué estaría pensando mientras remaba hacia la orilla después del triunfo? Había ganado. Había dado una vuelta completa a la embarcación en aguas turbulentas. Nadie podía hacerlo tan bien. Era el jefe del pueblo de la isla del Rey Guillermo.

Volvimos a verlo esa misma noche. El vestíbulo de vigas desnudas estaba atestado de gente, inuits y blancos que vivían en Nome. Alrededor de la sala, en una fila de sillas pegadas a la pared, se disponían las madres inuits, como en los antiguos bailes de fin de curso. Inclinadas sobre sus faldas de calicó, observaban al público al tiempo que echaban un vistazo a sus niños de ojos negros, que jugaban despatarrados entre las sillas de listones. Se oían muchas risitas y crujidos de programas arrugados. Al alzarse el telón, surgía primero la pared del fondo llena de pieles colgadas, entre las que destacaba en el centro una enorme piel de oso blanco. El escenario estaba vacío, salvo por una caja larga, como una enorme jaula, con cinco portillas. Sobre la caja, justo encima de cada agujero, había un inuit en cuclillas vestido de diario: pantalones de piel, botas y parka. De repente aparecieron por los agujeros cinco cabezas de lobo con las orejas erguidas, los colmillos asomando, los ojos amarillos brillantes y las cabezas inclinadas hacia nosotros, en un gesto de asentimiento que se repetía una y otra vez, un gesto demente como en un sueño, arriba y abajo al son de los tambores que ahora, al fondo del escenario, tocaban unas mujeres sentadas y unos pocos ancianos inuits, cantando y golpeando al ritmo de las cabezas. De vez en cuando una de ellas se torcía, y el inuit que estaba encima se agachaba y la enderezaba tirándole de la oreja. Muy pronto, las cabezas rugientes se convirtieron en objetos pueriles. ¿Y las figuras agachadas? Me recordaron a las niñeras de Central Park: «Tony, Anne, Christopher, ¡venid aquí ahora mismo! ¡Cómo os habéis puesto el abrigo! ¡Y mira dónde está tu sombrero! Así mejor. Hala, a jugar». Al parecer, no participaban en el espectáculo. Al igual que las figuras negras y encapuchadas que recorren los escenarios japoneses de un lado a otro, deduje que se suponían invisibles, solo estaban allí por conveniencia.

Bum, bum, bum, de los agujeros saltaron los lobos, vestidos con calzoncillos largos de lana blanca bajo las feroces cabezas. Nos contemplaron un momento a cuatro patas. Bum, bum, bum, inclinaron la cabeza hacia un lado y hacia el otro sin cesar, como un niño encandilado con un nuevo gesto del que no es capaz de desembarazarse y lo repite una y otra vez, como un estribillo vital. Bum, bum, bum, ahora se habían puesto de pie y agitaban las manoplas aquí y allá. El lobo del centro sacudió la cabeza y nos miró fijamente: era el jefe del pueblo de la isla del Rey Guillermo. Bum, bum, bum, seguía el gesto de cabeza. Bum, bum, bum, de repente los movimientos se volvieron elásticos, como animales. Había más reposo en ese movimiento que en la quietud, semejante a la de una pantera agazapada o una tirante reverencia. Todos esperábamos el resorte inevitable en una tensión conjunta. La acción era alivio. Bum, bum, bum, piernas en el aire y un salto hacia atrás. Todos habían desaparecido por completo para regresar a los agujeros. Las niñeras de piernas cruzadas se limitaron a asentir con un gesto de aprobación. Y cayó el telón.

El jefe del pueblo de la isla del Rey Guillermo salió por una puerta situada a la izquierda del escenario con la cabeza de lobo en la mano y el sudor corriéndole por la cara. Sacaba una cabeza al resto del elenco y tenía ese aire de saberse admirado libre de toda cohibición, como si las miradas pudieran reflejarse en el rostro de quien mira, incluso cuando este no es consciente de ellas. El jefe no reparaba en las miradas puestas en él porque estaba pendiente de la exhibición deportiva que justo en ese momento comenzaba en el vestíbulo.

Una vez apartadas las sillas, vimos a los niños inuits chutando con ambos pies un gran balón suspendido de las vigas. Con los talones casi siempre más altos que la cabeza, se doblaban con la maravillosa precisión de una navaja. Luego llegó el turno de las niñas. El balón se bajó un poco para adecuarse a su altura. Una estrecha fila de niñas surgió a un extremo del pasillo, todas con trenzas negras al vuelo y actitud arrogante. Se pararon, saltaron y chutaron, la pelota salió disparada en el aire y giró vertiginosamente. Esa ronda era fácil. «La hija del jefe», me susurró alguien. Luego el balón se alzó y las deportistas se cayeron; una niña gorda intentó chutar y se quedó sentada en el suelo. Todo el mundo se rio.

Ahora solo quedaban dos. Carrera, impulso y salto: el balón flotaba sereno fuera de su alcance. Tres intentos y solo quedaba la hija del jefe. Carrera, impulso y salto, y el balón seguía brillando intacto en las alturas. Falló. Corrió hacia atrás sacudiendo las trenzas. La pelota estaba inmóvil. Se oyeron algunas toses y crujidos de papel arrugándose. Vi su pequeño rostro taciturno mientras se volvía hacia nosotros. Carrera, impulso y salto. Aunque no pudimos ver cómo tocaba el balón, este empezó a vibrar y a girar sobre sí mismo. Lo había rozado. «¡Bravo, bravo!», gritaron los inuits, y todos arrancamos a aplaudir. La expresión de la niña no cambió mientras regresaba contoneándose a su asiento, pero el jefe esbozó una sonrisa relajada y arrogante.

A la mañana siguiente dimos un paseo por las calles de tablones de Nome hacia el campamento inuit. Todo el pueblo estaba en calma tras la agitación de la víspera. La vida en el campamento había retomado su cotidianeidad. A la sombra de los largos y curvos *umiaks* se sentaban familias enteras, las madres amamantaban a sus bebés, los ancianos trabajaban con los colmillos de marfil y los hombres jóvenes encurtían el pescado, colgando largas filas de peces para que se secaran al sol. Nos detuvimos a charlar con uno de los hombres de los colmillos. Tenía una caja de cerillas en las manos a medio terminar y una pila de polvo blanco a los pies. Nos enteramos de que era hermano del jefe.

—Anoche vimos la danza. Fue maravillosa. —Una ancha sonrisa le acentuó los altos pómulos, y a continuación nos miró solemne.

—Mi —dijo simplemente.

—Mi —repetimos—. ¿Qué quiere decir?

—Mi —volvió a decir, enfatizando la sílaba mientras dejaba la caja a medias en el regazo—. Mi hermano, mi hijo, mi sobrina. —Respiró hondo—. Mi.

Era eso, pensé mientras regresábamos. Eso fue lo que el jefe del pueblo de la isla del Rey Guillermo sintió al secarse el agua de la cara después del salto en kayak. Y cuando movía la cabeza de lobo sin cesar, arriba y abajo. Eso mostró en la sonrisa cuando su hija rozó el balón. Simplemente, mi.

II
KAMCHATKA

La idea preconcebida que yo tenía de Rusia era muy extraña. Aun considerando la absurdidad que supone tener una «idea» de un país tan enorme y variado como Rusia, seguía siendo muy extraña. Mis impresiones venían provocadas por los siguientes elementos: relatos del Antiguo Régimen sobre la Revolución; imponentes programas del Nuevo Régimen; amigos entusiastas que habían visitado Leningrado en sus viajes por Europa; amigos entusiastas que no habían visitado nunca Leningrado —ni ningún otro lugar de Rusia—; titulares de prensa; chismes varios —«Tengo una amiga que conoce bastante bien a una de las antiguas damas de honor del zar y dice que era algo escandaloso»—; inesperados reformadores junto a los que me habían colocado en alguna cena y me habían dejado perpleja con sus reivindicaciones a gritos ataviados en trajes de noche —«Y allí estaban, poniéndose morados de espárragos de invernadero, ¡igual que tú!»—; acaloradas discusiones sobre el desmoronamiento de los hogares, la santidad del matrimonio y la maternidad, que siempre comenzaban con un inocente: «¿Vas a llevar al niño a la guardería?»; pósteres y cuadros de fuertes hombres manejando almádenas, hacendosas mujeres remachando alas de aviones y niños muy serios golpeando ladrillos; la inevitable pregunta «¿Qué harías si esto fuera la Rusia soviética?»; y siempre el hombre al fondo del salón, frotándose las manos de espaldas a la lumbre y concluyendo en tono amable y benevolente al final de cada discusión: «Bueno, estoy seguro de que podrían enseñarnos unas cuantas cosas».

Hasta donde tenía entendido, era un país de trabajadores austeros e intransigentes empecinados en una causa. Vivían observando reglas muy estrictas; reglas científicas, ordenadas y eficientes de las que nunca se desviaban: cualquier descarrío se castigaba con gran severidad. No les importaba nada en la vida más que su causa —a la que subordinaban la felicidad, el placer, la belleza, la gracia, la risa y la cortesía— y, comparadas con esta, las relaciones humanas eran un asunto trivial. Todo eso suponía yo. Era una estampa notable, pero demasiado parecida a la de mis puritanos antepasados como para satisfacerme. Sin embargo, la causa puritana se basaba en la libertad para adorar a Dios, y la causa soviética no —no sabía en qué se basaba esta exactamente—.

Los sóviets, claro está, eran jóvenes y modernos: hombres modernos, mujeres modernas y niños modernos. Yo no encajaba ahí. ¿Era una mujer moderna? Volaba en un aeroplano moderno y usaba una radio moderna, pero no como parte de mi trayectoria personal, sino como esposa de un hombre moderno. Eso, estaba segura, no podría ocultarlo ante aquellos padres peregrinos: estaba segura de que me cazarían enseguida, pues eran severos examinadores. Me acorralarían para acribillarme a preguntas: «¿Puede explicar la teoría de la regeneración en un tubo de vacío?», «No»; «¿Qué puede decirnos acerca de los entresijos de la radio?»,

«Nada»; «¿A qué se dedica para justificar su existencia?», «No sé»; «¿Profesión?», «Casada». «Bien, hemos decidido que…», pero ¿qué podrían hacerme? Después de todo, mi marido ya era científico, ordenado y eficiente por los dos. De hecho, si no lo fuera tanto, quizá yo lo sería un poco más, así que, al final, todo se quedaba en lo mismo. No obstante, puede que ese argumento no acabara de convencerlos, tal vez les sonara un tanto frívolo; y la frivolidad, en la estampa de la Unión Soviética que yo me había representado en la mente, no parecía tener cabida. Así, mientras nos acercábamos a las costas de Kamchatka, mi mente no cesaba de divagar.

Ese fue nuestro primer puerto en Rusia. Antes de aterrizar, sobrevolamos la isla de Karáguinski, que en comparación con Nome, nuestra última parada, parecía muy verde. Matorrales y árboles descendían en cascada hacia una pedregosa playa. Montañas serradas componían un trasfondo en la distancia. Vimos un grupo de casas sólidas —apenas podía llamarse asentamiento— hechas de troncos con tejados puntiagudos y chimeneas afiladas. En la playa había un corrillo observándonos. Parecían amables. Algunos hombres, vestidos con los típicos guardapolvos rusos de color azul, pantalones bombachos y botas, asomaban los rostros barbudos bajo los altos gorros. Unos pocos nativos y dos mujeres ataviadas con blusas amplias y faldas cortas completaban el grupo. Por detrás correteaba un perro desgreñado. No, al acercarnos nos dimos cuenta de que era un osezno pardo.

Bueno, ahí podía usar la lista de frases rusas que una amiga me había confeccionado en Nueva York. «*Me Amerikäntzi*», somos americanos; no estaba mal, pero resultaba bastante inútil a modo de información. Sabían quiénes éramos porque tenían bidones de gasolina para nosotros. Decidí pasar a la siguiente frase: «*Govorit le kto leebo zdies po Angliiski*?», ¿alguien de aquí habla inglés? Esta era más difícil. Me pregunté cómo se pronunciaría el sonido *zd*.

En ese momento, una de las mujeres, que había subido a un bote, me saludó en francés. Recompuesta, le devolví el saludo a gritos —aunque resulta mucho más fácil susurrar el francés, sobre todo el francés macarrónico—:

—*Je comprends le français mais je parle très peu!*

—¡Oh! Yo habla inglés —me dijo sonriente y feliz. (Después de los inuits cazando patos y los rusos de Karáguinski hablando inglés, pocas sorpresas más podría depararnos el viaje). Descubrimos que nuestra intérprete era una zoóloga que realizaba un estudio sobre los animales de la isla. El resto de los habitantes eran tramperos, pues al parecer la obtención y elaboración de pieles eran las únicas ocupaciones del asentamiento.

Las pieles abarrotaban la casa adonde nos condujeron para que nos instaláramos. Del zaguán colgaban varios zorros rojos. Una enorme piel de oso cubría la puerta que daba a la cocina, con un pesado dintel. Incluso en la salita adonde nos llevaron al final vimos un manojo de colas de armiño colgadas de un gancho. Las paredes también estaban decoradas con cuadros de un gato —mascota predilecta, supuse— y un bordado de gnomos en un pinar. La salita hacía las veces de salón comedor y, ahora, de habitación para nosotros. Una larga mesa y un gran aparador para platos y comida ocupaban casi todo el espacio. Después de muchas inclinaciones de cabeza y preguntas, por fin nos sentamos y nos sonreímos. La zoóloga nos presentó a su marido y a otra pareja compuesta por un trampero y su mujer. La conversación se reveló complicada. Hablábamos en un francés y un inglés pésimos. La mujer decía cosas como «murieron la osa» u «osito muy *carido*». En lo que a mí respecta, prefiero no pensar en lo que dije. La mujer del trampero salió a buscar leche fresca y fresas silvestres y frio un poco de carne. Al oler la comida, el oso Dunka se precipitó hacia la cocina y se puso en pie con las zarpas encima de la mesa.

—¡Dunka! ¡Dunka! —gritaron como si se dirigieran a un niño metiendo los dedos en el tarro de mermelada, pero Dunka era menos dócil que un niño y, para convencerlo de que quitara las largas garras de la mesa, tuvieron que ofrecerle un trozo de carne cruda. Balanceándose de un lado a otro con torpeza, se fue tras la mano extendida que sostenía el bocado hasta que, ya fuera, esta le cerró la puerta en el hocico, por lo que gruñó muy enfadado.

Nos sentamos a disfrutar de la comida y tratamos de dar las gracias a nuestros anfitriones. Pensando que los dulces serían tan apreciados en Kamchatka como en el norte de Canadá, llevábamos una caja de caramelos de Nome como regalo. Sin embargo, ellos nos pusieron delante una buena tableta de chocolate soviético, así que solo nos quedaba ofrecerles un bocadillo de lechuga cultivada en un patio trasero de Nome. La mujer del trampero llevaba dos años sin probar la lechuga.

De repente, los dos hombres que habían estado hablando entre sí rompieron a reír. La zoóloga asintió con la cabeza y los ojos centelleantes, y luego nos preguntó:

—¿Qué día… salir Nome?

—Pues esta mañana. Estamos a viernes, ¿no?

—¡Ja, ja, ja! —Los tres se echaron hacia atrás en las sillas, sin dejar de reír a gritos—. ¡Aquí sábado! —Habíamos pasado el meridiano ciento ocho y perdido un día entero.

A la mañana siguiente, la zoóloga me dijo que tenía un niño pequeño que estaba en Moscú. Le dije que yo también tenía un niño pequeño. «¿Cuántos años? ¿Dónde?». Las dos mujeres hablaron en ruso y luego preguntaron con timidez: «¿Tiene foto?». Saqué mis fotos. «Oh, oh». Las extendieron por toda la mesa con gestos alegres, dulces. La mujer del trampero hizo círculos con la mano para indicar lo grandes que eran los ojos de mi hijo y señaló las fotos que más le gustaban. Luego cogió las otras y volvió a señalarlas para mostrarme en cuáles se parecía más a su madre y en cuáles a su padre.

Cuando nos despedimos, mi hijo me parecía más cercano solo porque ellas habían visto las fotos y hablado de él. Quizá la zoóloga también se sentía más cerca del suyo, porque me dio una carta para él, para que la echara al correo al llegar a Tokio. La llevé en el bolsillo cuando partimos al día siguiente en nuestro avión naranja y negro rumbo a Petropávlovsk, y circunvolamos ese grupo de figuras que ya se veían muy lejos, en la playa, agitando los minúsculos brazos en un gesto final de despedida.

(Aquí no me he sentido fuera de lugar, pensé, veremos en Petropávlovsk).

Desde el aire, la ciudad de Petropávlovsk de Kamchatka daba la impresión de ser muy ordenada y eficiente. El puerto era una pequeña gema redonda incrustada entre empinadas colinas volcánicas, y las casas de tejados grises nos parecieron muy amplias comparadas con los pequeños asentamientos del norte a los que ya estábamos acostumbrados, dispuestas de forma regular en una ladera de la colina. También vimos desde el aire que era una ciudad bulliciosa. Grandes pesqueros maniobraban en el pequeño puerto, que parecía de juguete, con una profundidad increíble para su talla.

La madera fresca y limpia de las nuevas construcciones se elevaba cerca de la orilla. Fue ahí, justo debajo de la ciudad, donde dejamos el avión, en el fondeadero más hermoso nunca visto.

Al pisar el muelle, mi primera visión fue la de un grupo de trabajadores que no tenían mazos en la mano, sino que se habían congregado en el embarcadero para vernos aterrizar y nos miraban con interés. Sabían quién era mi marido, «pero ¿y ella? ¿Quién es?» —en ruso, claro—. Ay, no, pensé, este no es lugar para mí. ¿Cómo justificar mi existencia? Sin embargo, los oficiales que bajaron a continuación para hablar con nosotros no nos hicieron preguntas: nos saludaron alegres y cordiales y nos condujeron a través de la multitud hacia un coche que nos esperaba. El hombre a mi lado trató de ayudarme a sortear los charcos de barro con gran consideración; una cortesía sorprendente pero innecesaria, puesto que llevaba unos vaqueros y unos zapatos viejos y muy bregados.

Enfilamos colina arriba, y por muy poco no atropellamos a varios cerdos y niños conforme nos adentramos en las calles de la ciudad. Las casas alineadas junto a la calzada eran viejas, un poco destartaladas, pero aún lucían un cierto encanto bajo los aleros de los tejados, tallados y pintados en colores alegres. Las aceras de madera estaban atestadas de gente no muy bien vestida —las mujeres iban con blusas anchas y faldas cortas—, pero todos parecían sanos, felices y demasiado ocupados como para prestarnos la menor atención. La pequeña ciudad rebosaba vitalidad; solo la pequeña iglesia blanca parecía desierta, solitaria en mitad del patio de hierbas crecidas y con las ventanas tapiadas. Un trabajador se había hecho allí un tranquilo nido y echaba una siesta entre la hierba.

Conforme subíamos, las casas eran cada vez mejores. La «mejor de la ciudad» estaba justo en la cresta. «Hace mucho tiempo hubo aquí un sacerdote que vivía en esa casa —nos explicaron con ingenuidad, señalándola—, y el gobernador no osaba tomar la decisión más simple sin correr hacia su casa a pedir su bendición. Ahora ya no hay sacerdotes y el *zav* [representante del Partido Comunista] ocupa la casa. Cuando el presidente del comité local de gobierno no sabe qué hacer sobre un asunto, puede subir corriendo la colina —añadieron señalando la misma casa— a pedir al *zav* que le aconseje».

Luego nos llevaron al ayuntamiento, situado unas casas por debajo de la residencia del *zav*. Era un viejo edificio de madera de varios pisos que oteaba el puerto y nuestro avión naranja y negro por encima de los tejados grises. Atravesamos un vestíbulo empapelado con grandes pósteres de obreros, capitalistas, tractores y un retrato de Lenin, y subimos unas escaleras hasta llegar a una sala esquinera donde habían dispuesto tres catres, dos de ellos separados del otro por un endeble biombo chino: «Para usted, su marido y el mecánico» —no se percataron de que no teníamos mecánico—. Sobre la mesa había dos navajas de afeitar para los hombres y un frasco de perfume para mí, que me pareció un poco inapropiado allí entre las dos navajas. En esa sala comimos —nos llevaban el desayuno, el almuerzo y la cena— y dormimos durante nuestra estancia en Petropávlovsk, y allí tuvimos nuestra única aventura rusa.

Sucedió la última noche. Nos despertaron unos gritos a eso de las cuatro de la mañana, chillidos agudos en *staccato*, en caída abrupta e incesante, seguidos por un estrépito de cristales rotos. Charles se levantó corriendo y se asomó a la ventana.

—Vaya alaridos. O le ha pasado algo al avión…. ¡o hay un incendio! —Podíamos ver las alas naranjas abajo, a salvo en el puerto. Más gritos y olor a humo. ¡Fuego!—. Vístete deprisa. Ayúdame a poner las cosas en una manta, para luego arrojarla si no nos queda otra.

Plegó el biombo de seda, lo puso en un rincón y apartó también las camas. Abrimos las ventanas y anudamos las cortinas. Pusimos nuestras cosas sobre las mantas, muy cerca de la ventana.

—¡Ahora vuelvo! —gritó Charles mientras abría la puerta para salir al pasillo. Varias nubes de humo aprovecharon para entrar. Volvió al cabo de un momento con una toalla mojada en la nariz y la boca—. El humo… muy mal… Pero puedes bajar por las escaleras… O saltar por la ventana. Ahora vuelvo.

Me asomé para calibrar el salto. Unos cuatro metros y medio. Quizá pudiera apoyarme en el alféizar de abajo y saltar desde ahí. En la calle de delante pude ver a varios hombres corriendo colina abajo, cargados con cubos de agua. Tuve la impresión de pasar allí mucho tiempo, una media hora contemplando a aquellos hombres corriendo de aquí para allá mientras atendían las órdenes caóticas que llegaban de abajo, las riñas, el trajín, las patadas y los gritos ahogados. Hasta que, en mitad de la confusión de pasos imprecisos, unos más decididos se acercaron a la puerta, se detuvieron y, tras una breve vacilación, llamaron.

—¡Adelante!

Un hombre con semblante asustado abrió la puerta y dudó un segundo.

—¡Abrir ventanas!

—Sí, ya he…

Cerró la puerta y se alejó corriendo.

Vuelta a esperar. Las voces se atenuaron abajo en la calle. Charles volvió riéndose:

—Ya está. —Corrimos las cortinas y nos metimos en la cama—. Unos archivos del piso de abajo han empezado a arder —explicó—. Menos mal que el fuego no ha llegado muy lejos, esta casa ardería como leña.

Al poco nos despertó un tilín-tilín y un traqueteo de ruedas en la calle de abajo. Nos asomamos: un carro tirado por un caballo y cargado con un pequeño bidón y una manguera enrollada. Dos hombres con cascos de latón en forma de colmena que saltaban con gestos dramáticos y no dejaban de gritar órdenes empezaron a desenrollar y acoplar la manguera. ¡El camión de bomberos!

—¡Buf, Charles, no creo que sean mucho más eficientes que yo!

Durante nuestra visita, hicimos todo aquello que se supone que hay que hacer en Rusia antes de escribir sobre el país. Fuimos a visitar una granja experimental y vimos tractores subiendo a duras penas por las colinas. Entramos en tiendas y escuelas, algunas de nueva construcción, y preguntamos muchas cosas. Yo hice tantas preguntas que al final nuestro amigo, que era curador, bromeó exigiendo un ejemplar del libro que escribiera con toda aquella información.

Sin embargo, no voy a escribir sobre ello. Cuando reviso las notas que tomé con sumo cuidado, que entonces me parecieron muy importantes, los detalles se marchitan en las páginas: carecen de todo asomo de vida. No es que no tuvieran importancia: era importante que la granja experimental, excavada en la ladera de la colina, funcionara bien; que las gallinas, las vacas y los cerdos estuvieran bien alimentados y que el grano sembrado creciera próspero. Era importante que una buena parte de los presupuestos municipales se destinara a las escuelas. En aquella pequeña ciudad había tres, y los niños, además de las lecciones, recibían dos comidas diarias, una ducha y ropa limpia. Los engranajes que regían las tiendas «ordinarias» y las tiendas «comerciales» —esto es, gestionadas por el Gobierno— eran en extremo interesantes. Sin embargo, si tuviera que escribir sobre todos esos hechos como mis propias impresiones de Kamchatka, estaría del todo equivocada, pues eso dejaría fuera la impresión más real y significativa que, a día de hoy, sigue perdurando en mí. Es difícil de analizar, pero cuando pienso en Rusia ahora, no me acuerdo de las granjas comunitarias ni de las guarderías, sino de las dos mujeres de Karáguinski sonriendo ante las fotos de mi hijo, en los hombres echando las sillas hacia atrás y riéndose a carcajadas porque habíamos cruzado el meridiano. Pienso en mi amigo el curador, socarrón y bajito, pidiéndome que le enviara el libro cuando terminara de escribirlo.

Pienso en la gente, no en las ideas, los planes y la organización. Después de todo, tal vez no sea una mujer moderna. Lo cierto es que no tengo una respuesta moderna que ofrecer cuando me preguntan —y siempre me preguntan, porque esas dos pequeñas localidades que conocimos en Rusia suscitan más curiosidad que cualquier otra etapa del viaje—; siempre hay un «He oído que estuvisteis en Rusia, ¿qué os pareció?» a la vuelta de la esquina.

Y yo siempre protesto con la misma cantinela infantil: «No se trata de lo que nos pareciera Rusia, sino sus gentes, y a mí me gustaron».

12

NIEBLA Y LAS CHISHIMA

«Bienvenidos… a… Japón… bienvenido… coronel… Lindbergh». Anoté mi primer mensaje de la JOC, la emisora japonesa de Nemuro, que nos había seguido con innumerables dificultades por la costa siberiana y ahora nos guiaría a Tokio. Técnicamente estábamos en Japón, sobrevolando las Chishima,[9] la cadena de islas que unen Kamchatka con Hokkaido. Debíamos de estar volando sobre la bahía de Buroton —consulté el mapa—; sí, seguro que era ese pequeño puerto de ahí abajo enclavado en un volcán verde. Parecía un jardín japonés en miniatura: la casa de juguete con un techo de hierba junto a la bahía, un bote diminuto de fondo plano flotando despacio en el agua, como con cautela. Qué típico, pensé. Y esas cumbres volcánicas —también muy típicas— surgiendo afiladas del mar, con retazos de niebla aferrados a las laderas. Me acordé entonces de que todos los grabados japoneses muestran un volcán rodeado de niebla al fondo.

[9] Se trata de las islas Kuriles, anexionadas a la Unión Soviética tras la Segunda Guerra Mundial y reclamadas hoy en día por Japón.

Las señales me zumbaban en los oídos: «Bienvenido… a… Japón… coronel… Lindbergh». Qué típico también que nuestro primer mensaje del país fueran unas palabras de pura gracia, sin ninguna utilidad, una mera bienvenida antes de adentrarnos en los asuntos de la posición y el tiempo. Aunque ellos estaban tan interesados como nosotros en esos parámetros, lo primero era una inclinación de bienvenida. ¡La eterna cortesía japonesa!

El tiempo era importante. Llevábamos varias horas pendientes de un banco de niebla bajo y largo al este. En el mar a lo lejos, como un segundo horizonte, la línea blanca uniforme se extendía hacia delante, paralela a nuestra trayectoria. Al principio no parecía acercarse, sino más bien avisarnos de su presencia siguiendo nuestro paso, marcando un límite que no debíamos rebasar. Poco a poco, sin embargo, nos empujó a mantener el rumbo sobre las islas en lugar de tomar el que teníamos fijado de antemano, veinticinco kilómetros al este de esas «zonas fortificadas».

Ahora, si miro al frente, soy capaz de ver que la línea de niebla y la línea de las islas convergían. Como una larga ola sobre un banco de arena, las nubes de niebla parecían romper la barrera de esos picos volcánicos. ¿Sería una infracción accidental —me pregunté—, como esa ola insólita y altísima que, en una playa rocosa, sobrepasa la orilla y nos moja los pies? ¿O acaso la marea estaba cambiando? ¿Quedarían nuestros caminos de piedras bañados en agua? Bajé la vista hacia las cumbres de cuento de hadas que alzaban sus cabezas por encima de la bruma, y ahora flotaban en ella, como un postre infantil de ensueño. De vez en cuando vislumbrábamos, por algún agujero entre las nubes, una playa rocosa o una franja de agua de campanillas azules brillar y desvanecerse. Un mundo que se fundía, reluciente e irreal, demasiado bello para resultar amenazador.

«Pf… envíe… tiempo… velocidad… posición», rezaba el siguiente mensaje recibido de la JOC. Tendría que ser práctica, pero no sabía dónde estábamos. «Volamos… entre… niebla», tecleé. «Envío… posición… en… breve». No había nada accidental o leve en esas nubes. Cada vez se extendían más, como un mar uniforme delante de nosotros. Aún estaban bastante bajas, podíamos sobrevolarlas siempre y cuando nos dirigiéramos al buen tiempo, pero el cielo que veíamos delante era gris. ¿Qué significaba eso? ¿Una tormenta o más niebla?

«¿Despejado… en… Nemuro? ¿Cielo… y… visibilidad… pf?». Nos dispusimos, esperanzados, a recibir noticias sobre el buen tiempo que se avecinaba, como una mano amiga que nos ayudara a cruzar ese abismo de mal tiempo que teníamos debajo. ¿Qué altura tenían aquellas cumbres bajo la niebla? ¿Podían considerarse icebergs? ¿Eran el doble, el triple de altas por debajo? Sabía muy bien que la niebla nunca nos lo desvelaría. Había contemplado muchas otras veces —demasiadas— esa espuma helada en las laderas de las montañas. Sonriente, quieta y brillante, nunca daba el menor indicio de lo que ocultaba debajo. Sentí el miedo trepándome sigiloso por encima, como el frío en mitad de la noche cuando, medio dormidos, nos empeñamos en no reconocerlo: «No, no tengo frío. No necesito levantarme a por otra manta. Algo no va bien, pero no es el frío». Así, luché para no reconocer el miedo y me limité a pensar: «cuando despegamos hacía un día precioso», «el sol brilla por encima de las nubes», «en Nemuro dicen que está despejado», y «aún se ve por detrás, ¿no?». No obstante, antes de que pudiera comprobarlo, Charles me pasó una nota: «La niebla en el mar se extiende varios kilómetros, y hay nubes de tormenta justo delante. Damos la vuelta y aterrizaremos a la primera ocasión. Ahora estamos en el extremo suroeste de Shimushiru To».

Empecé a enviar el mensaje a Nemuro: «Niebla… sobre… el… mar (sonriente, quieta y brillante)… nubes… de… tormenta… delante (una cortina negra que se cerraba justo por el sur)… damos… la… vuelta (la enorme ala giró por debajo entre las nubes)… aterrizaremos (¡detrás estaba igual de oscuro!, pero nunca habíamos pasado por ahí, ¡se nos había ido acercando!)… a… la… primera… ocasión (una cumbre verde asomó la cabeza entre la niebla)».

«¿Van… a… dar… la… vuelta… para… aterrizar…? Bahía… de… Buroton… muy… aconsejable». La bahía de Buroton, ese jardín japonés en miniatura que habíamos sobrevolado con el cielo despejado. Ahora estaría sumida en la niebla. No podríamos volver a encontrarla. Qué segura parecía media hora antes, con aquella graciosa cabaña en la orilla y aquel bote en sereno equilibrio sobre el agua. Ahora estábamos en otro mundo, apartados de aquel paisaje idílico por una impenetrable capa de niebla, pero todo seguía allí. El hombre de la emisora de Nemuro lo había encontrado en el mapa. Era un consuelo sentir que él sí podía encontrarlo, aunque nosotros no pudiéramos. Él sabía dónde estábamos y adónde nos dirigíamos. Como un dios omnisciente, dijo: «Allí», y señaló con el dedo en el mapa: «La bahía de Buroton, aterricen allí». Ojalá fuera capaz de conducirnos hasta el lugar, como en un tablero gigante de ajedrez.

Charles empujó hacia atrás la cubierta de la cabina, se puso los cascos y las gafas, alzó el asiento para tener mayor visibilidad y se inclinó hacia delante para echar un vistazo.

Ya estamos otra vez, pensé al reconocer en ese gesto tan familiar de ponerse la armadura que la batalla daba comienzo.

Ya estamos otra vez. Parece que siempre estamos ahí, pensé, y el miedo me abrió un largo pasillo que contenía todas las ocasiones similares anteriores, ahora reunidas en una larga lucha contra la niebla: la vez que estuvimos en los montes de Allegheny con el Falcon, cortando las copas de los pinos ahora con un ala, ahora con la otra. Luego encontramos el río que corría por debajo de la bruma atravesando una hondonada entre las montañas. Lo seguimos y logramos salir sanos y salvos; pero con el Falcon no era tan peligroso, no íbamos tan rápido. Ahora estábamos en el Sirius, que se dirigía hacia aquel pico entre las nubes. (¿Cómo sabía Charles que no había un pico bajo —con un rompiente apenas cubierto por la alta capa de niebla— con el que podríamos tropezar al sobrevolar la superficie?). Luego estaba aquella otra vez que cruzamos el paso de la sierra de San Bernardino. «Cielos muy bajos», decía el informe meteorológico.

—¿Qué significa «cielos muy bajos»? ¿Setenta o cien metros? —preguntó Charles.

—Nada en absoluto. —Se rio el hombre de la estación meteorológica—. Quédese en tierra.

—Bueno, iremos a ver el panorama y luego volveremos, o quizá podamos encontrar un agujero. —Y subimos hasta encararnos con aquellos gigantes de cabezas nevadas y hombros sosteniendo una brillante niebla, pero también entonces descubrimos un arroyo y lo seguimos, un riachuelo hermosísimo con una ribera donde aterrizar, casitas y verdes huertos, que nos guio por su curso hasta depositarnos en el ancho valle de San Bernardino. Lo llevé conmigo como una cinta en la mano durante todo el trecho. Me aferré a aquel arroyo que nos sacó de la niebla.

Ahí, en cambio, no había nada a lo que aferrarse, nada salvo el cielo. El sol aún brillaba. Charles me indicó que enrollara la antena. Eso significaba aterrizaje de emergencia. Me ajusté el cinturón. Ahora volábamos alrededor de la cabeza del gigante, acercándonos cada vez más en imprudente desafío. Ahora planeábamos en descenso con el motor ahogado, rodeados de volutas de humo que nos cegaban por momentos. Estaba perdiendo el cielo pero no quería soltarlo hasta lograr asirme a algo abajo. Por las laderas de la colina, en la parte más baja, se veía una franja de agua centelleante, una campanilla. Buceamos hacia ella. Un poco más abajo, el cielo desapareció. Agárrate al mar, esa pequeña franja azul; pero el mar también desapareció. Volábamos a ciegas y seguíamos descendiendo —¡oh, Dios mío!—, ¡chocaremos contra la montaña! Una oleada de miedo, un dolor aterrador me arrastró, convirtiendo palabras sin sentido en cenizas ennegrecidas: valor, orgullo, control. Luego una sacudida y el motor volvió a rugir en una montaña rusa nauseabunda. Arriba, arriba, arriba. Sentí mis jadeos y quise levantarme, como si me ahogara, pero ahí arriba estaba el cielo, el cielo azul, ¡el cielo y el sol! El valor volvió a correrme por las venas, en un flujo cálido y latente. Gracias a Dios, ahí estaba el cielo. Aférrate a él con las dos manos. Deja que te levante. Ojalá podamos quedarnos aquí, pensé, en este mundo brillante y despejado de realidad donde se puede ver el cielo y sentir el sol. Ojalá no bajemos nunca.

Charles volvía a intentar deslizarse entre la niebla y la montaña, como un cuchillo deslizándose por el molde para cortar un pastel. ¿Diría después que tampoco había sido nada del otro mundo? —si es que había un después—. Aquella vez en los montes de Allegheny se volvió hacia mí cuando alcanzamos el río y me sonrió. Eso me tranquilizó mucho. Ojalá hiciera lo mismo ahora; pero no, tenía la expresión impertérrita. Podía verla reflejada en un lado de la cabina, con los labios apretados. La fuerza del viento soplando en contra le hacía parecer flaco y asustado, como un hombre que rechina los dientes ante su última batalla. Entonces, ¿en esas estábamos, en la última batalla? Nunca le había visto esa mirada. El viento le aplastaba la cara, le ponía la carne fláccida y le resaltaba el entrecejo, como un esqueleto.

Otra vez abajo, y entonces el terror. Otra vez arriba, y entonces el valor y la vergüenza. Piensa en los radiooperadores pegados a sus puestos contra viento y marea, fuego y agua. Si pudiera enviar un mensaje, eso ayudaría. Piensa en los pilotos del correo aéreo que hacen esto cada noche. Piensa en los pilotos de guerra, para los que el tiempo es la más nimia de sus preocupaciones. Al menos el tiempo era impersonal, no se regía por la venganza. Piensa en aquella mujer que, en los inicios de la aviación, acometió su primer vuelo transcontinental sin miedo —con qué tranquilidad anunció: «Esta noche estaré en Clovis o en el cielo»—. ¿Por qué no aceptarlo así, con filosofía: «la bahía de Buroton o el cielo»? Sin embargo, la bahía de Buroton no sonaba como un lugar seguro, sino como uno de esos sitios tranquilos que pasan desapercibidos hasta que, de repente, quedan marcados por la tragedia: «Avión estrellado al sur de la bahía de Buroton». Bahía de Buroton… El nombre sonaba carmesí, como el de un viejo campo de batalla.

¿Y por qué teníamos que aferrarnos a esa bahía? ¿Por qué no intentarlo en otro sitio, en cualquier otro sitio? Entonces me di cuenta de que eso era justo lo que estaba haciendo Charles. El gigante flotaba detrás entre la niebla, volviéndose cada vez más tenue conforme surgían nuevos velos de bruma entre nosotros y él. Delante no se veía nada, pero arriba estaban el cielo azul y el sol. Un liviano tintineo sonó en mi mente con frivolidad: «El sol brilla gratis». Me sentí feliz. Después de todo, no estábamos muertos. Seguíamos en ese cielo azul —y el sol brillaba gratis—. ¡Oh, Dios, ahí delante surgía otra cima montañosa! ¿Volvería a intentarlo? ¿Es que no había aprendido nada? ¿Creería que yo disfrutaba de ese juego de tirarnos por los volcanes como si fueran toboganes?, pensé, presa de una ira bravucona. Ya era demasiado, en serio. Nunca más volvería a volar. El sol empezó a derretirse a medida que descendíamos en espiral, hasta convertirse en un disco fino y acuoso en la bruma. «Nunca más volveré a volar»: la frase me resonó en los oídos en tono malicioso. No, nunca volvería a volar, me lo había asegurado y temblaba pensando en la verdad que encerraba tal afirmación. Abajo, más abajo, hacia la oscuridad. Nunca habíamos descendido tanto. ¿Podríamos aterrizar en esa ladera verde, al pie del volcán? Había arbustos y rocas, pero los pontones absorberían el impacto. Sería maravilloso aterrizar, incluso ahí. No, íbamos demasiado rápido, volando a ras de los arbustos, derechos hacia la ladera porque allí, en un abrupto acantilado de unos quince metros y bajo una capa de niebla, estaba el agua, inquieta, en constante cambio, escondiéndose tentadora. Eso era lo que buscábamos. Si pudiéramos atraparla entre las manos antes de que desapareciera, como la piedra escudriñada en el fondo de la piscina. ¿La alcanzaríamos o tendríamos que abrirnos paso de nuevo hacia arriba, en otro penoso esfuerzo? Caímos en picado por la escarpadura. Ya estábamos sobre el agua. ¡Paf, paf, paf! ¡La nave se rompe por debajo! Estoy cayendo. No, es solo que el asiento ha rebotado. La mar debe de estar picada. Ahora aminoramos. ¡Estamos bien, hemos aterrizado!

Charles se volvió por primera vez y me miró.

—¿Qué pasa?

—Nada —tartamudeé—. Es que estoy tan contenta de estar aquí abajo…

Se echó a reír.

—No hemos corrido un gran peligro. Podríamos haber dado la vuelta, pero estaba intentando llegar a la bahía. No me gusta fondear en aguas abiertas, voy a buscar otro rincón que esté más al abrigo.

Empujé la cubierta de la cabina hasta abrirla por completo y me asomé. El motor en ralentí soltó un gemido; un sonido peculiar, desolado y solitario, como el viento alrededor de una casa por la noche. Podía oír las olas rompiendo en la orilla. Nada a la vista salvo niebla. ¿Cómo habíamos podido aterrizar?

Empezamos a avanzar despacio, como a hurtadillas, hacia la isla. Ahora podía distinguir la línea de la costa —una costa rocosa, con la masa oscura de una colina levantándose detrás—, ¿hasta dónde? Era difícil en aquella niebla. Ahora estábamos bajo el mar de bruma, apartados sin remedio del cielo, en un mundo submarino tan extraño y confuso como el de arriba. ¿Dónde estábamos? ¿De verdad era esa la línea de la costa? A veces la niebla que surgía la borraba por completo, había que estar muy cerca para verla. Al aproximarnos, las olas que rompían en las rocas nos advirtieron del peligro. ¿Qué era aquella conspiración? El gran oleaje mecía el avión de arriba abajo. ¿Qué era esa cosa oscura entre la que nos abríamos paso? Algas; algas empujando los flotadores, enroscándose entre los timones, obligándolos a elevarse hasta chocar entre protestas. Aquí y allá pude ver grandes manojos enrollados emergiendo de la superficie como extraños monstruos marinos. Era un lugar encantado, un mar de los Sargazos. ¿Qué criaturas sobrenaturales habitarían la isla? Entrecerré los ojos para tratar de distinguir algo. ¿Aquello eran cabañas redondas? Nos acercamos. No, solo peñascos. Las olas rompían en la orilla y el motor no cesaba de gemir. ¿Qué hora sería? Llevábamos más de una hora incomunicados. Empecé a pensar en la familia. ¿Habrían surgido rumores de un accidente? ¿Cuál había sido mi último mensaje? «Aterrizaremos a la primera ocasión». ¿Qué dirían los japoneses de nuestro aterrizaje? ¡Zas, zas! Los timones se levantaron por encima de las algas. Qué lentos nos movíamos. Ni rastro de vida alrededor, más que el rugido de la corriente en la orilla y el gemido del motor.

Por fin alcanzamos el sotavento de la isla, apagamos el motor y arrojamos el ancla. Ahora, la JOC. Desenrollamos la antena a lo largo del ala y llamamos: «JOC… JOC». Ahí estaba: «KHCAL… QRK (la señal es buena)… GA (adelante)».

«Aterrizaje… forzoso… por… niebla», empecé. «Imposible… en… bahía… Buroton… por… niebla… fondeados… en… aguas… abiertas… 200… metros… orilla… sudeste… isla… Ketoy… visibilidad… en… agua… 300… metros… ¿se… espera… tormenta… esta… noche?». Al terminar, pude oír cómo reenviaban el mensaje con las noticias de que estábamos a salvo a otra estación.

«OK… OK», llegó la respuesta. «Aquí… no… tormenta… esperada». Sonreí ante la extraña frase, sin detenerme a considerar que, de haber estado escrita en japonés, no habría entendido nada. «Aquí… todo… en… calma… ¿Hora… aterrizaje… pf?». (Qué alivio leer esas palabras).

«Aterrizaje… 07.45… GMT (hora de Greenwich)», respondí. «Iremos… a… Nemuro… esta… mañana… si… despejado… si… no… bahía… Buroton… llamaremos… durante… la… mañana… gracias».

«Preparado… Shinshiru… Maru… (¿cómo podían haber preparado algo tan rápido?, me quedé maravillada al recibir el siguiente mensaje) para… llegar… bahía… Buroton… en… una… o… dos… horas».

Entregué el mensaje a Charles. Qué amables, pensé. No sabía qué era Shinshiru Maru, pero sin duda era algo destinado a «asistirnos», y sonaba muy alentador. Sin embargo, Charles dictó la respuesta.

«Agradecemos… mucho… su… amable… disposición… (igual que una de sus cartas formales, la reconocería en cualquier parte) pero… salvo… que…surja… una… emergencia… no… necesitamos… ayuda». Qué típico de los hombres, pensé, ya nunca sabría quién era Shinshiru Maru. «Llamaremos… en… diez… horas… si… le… va… bien».

«OK», decía la respuesta. Bueno, entonces todo quedaba resuelto. Estábamos en tierra, a salvo y fondeados. Nos habíamos puesto en contacto con la JOC. Ahora podíamos prepararnos para pasar la noche. El viento gemía alrededor y la niebla desplegaba sus bucles por las alas. El agua tragaba sorbos despacio bajo los pontones. Calientes y secos bajo la bóveda del fuselaje, pronto caeríamos rendidos de sueño, pero ¿qué era eso? ¿Estaba enviando otro mensaje? Apunté las palabras, letra por letra: «Nos… encantará… recibirles… aquí… mañana… buenas… noches… recuerdos… Coronel… Lindbergh». ¡Siempre tan caballerosos!

13
LOS MARINOS CANTORES

A la mañana siguiente, justo cuando terminaba mi sesión de radio, ¡aparecieron por un rincón! Varios marinos se acercaban remando y cantando, con las gorras redondas oscilando de arriba abajo. (Como las gorras de los niños alemanes en los parques, pero sin lacitos colgando por detrás). Vinieron directos hacia nosotros como si surgieran de la nada, aparecieron en el escenario de repente y en el momento preciso, como un coro de Gilbert y Sullivan: «Ahora entran los ocho marinos cantores». ¿De dónde vendrían? Echamos un vistazo por encima del ala y vimos, a doscientos metros, un barco de dos mástiles bien varado, con su ancla, su ropa puesta a secar y su humo saliendo de la cocina. ¿Había emergido de la niebla o bien llevaba allí toda la noche? No habíamos oído nada. Al girar el viento la popa, leí bajo unos caracteres japoneses: «Shinshiru Maru». El último mensaje de la JOC decía que enviarían el Shinshiru Maru de la bahía de Buroton para asistirnos. Claro, ese era el Shinshiru Maru que dijimos que no necesitábamos. Habían sido lo bastante sensatos como para enviarlo de todos modos. Mandé un mensaje diciendo que ya estaba allí.

En ese momento, ocho marinos cantores se dispusieron a bajar a los pontones. Un pequeño oficial —el radioperador, según nos enteramos después— se levantó para salir, nos hizo una reverencia, puso un pie en el pontón y, buscando un punto de apoyo, se agarró a la antena. Charles y yo gritamos a la vez, pero el pequeño radioperador, tras recibir una descarga de cuatrocientos voltios, no mostró señal alguna de dolor o miedo. Se limitó a retroceder y sonreír a modo de disculpa.

—¿Qué… qué… es… eso?

Le explicamos lo que era y nos apresuramos a desconectarla por si volvía a tocarla al trepar por el costado del avión. Después de inspeccionar la cabina con gran satisfacción («¡Oh, ah, ah!»), carraspeó un poco y preguntó en tono muy formal:

—Eh… ¿Toma… eh… cahé?

Como Charles no tenía ni idea de lo que quería decir, alargó el brazo y le tendió esperanzado una de nuestras galletas blandas empapadas en agua de mar. El hombre asintió sonriente, se metió la galleta en la boca y se la tragó, muy educado.

Luego empezó de nuevo:

—Eh… ¿Toma… eh… cahé?

—¿Toma qué? —preguntó Charles.

—Cahé… baco —respondió el radioperador señalando el Shinshiru Maru y sin dejar de sonreír.

—Café… ¡ah, sí, café! —dijo Charles, y todos nos deshicimos en sonrisas.

(Al leerme por encima del hombro, Charles niega que la historia fuera así: «Le ofrecí la galleta por educación, ¡pensé que quería desayunar!», explica).

En la cálida y minúscula cabina del Shinshiru Maru nos ofrecieron toda clase de deliciosos lujos: agua caliente y sopa en una palangana de latón, un peine, crema e incluso champú procedente del mismísimo cajón del capitán. Y luego, por fin, tostadas y «cahé». Después de semejante desayuno, que agradecimos con la mayor efusividad, nos estrechamos la mano y volvimos al avión con la esperanza de poder despegar, pues la niebla ya empezaba a disiparse. Los marinos cantores nos ayudaron a amarrar un larguero a un puntal del pontón que se había doblado y luego se alejaron remando.

Estábamos listos. Entonces llegó el ascendente quejido del motor de arranque con volante de inercia, el chirrido del embrague, el motor arrancando un instante y luego paf, paf, paf, muriendo sin remedio. Por mucho que lo intentamos, esa fue la única respuesta que obtuvimos. Hacía un frío muy húmedo. Un fuerte viento soplaba por la ladera de la isla, cubriéndolo todo con niebla y agua espumosa. Los marinos del Shinshiru Maru nos observaban desde la borda.

De repente reparamos en que la distancia entre el barco y nosotros empezaba a incrementarse. ¿Íbamos a la deriva? La cuerda del ancla estaba floja. Charles saltó de la cabina y empezó a tirar de ella. Estaba suelta, demasiado suelta. El desgastado extremo emergió del agua sin ancla: una roca afilada la había estado raspando toda la noche hasta cortarla. Íbamos a la deriva, a no más de treinta metros del rocoso rompiente y sin ninguna esperanza de arrancar el motor. Levantamos los brazos y pedimos auxilio a gritos. Los marinos ya se acercaban en su barco, remando sin aliento pero manteniendo el ritmo de su canto. Nos agarraron de la manera más rápida y efectiva cuando nos dirigíamos a las rocas, nos fondearon con su ancla y volvieron a alejarse remando sonrientes. «Enviaremos al Shinshiru Maru para que los asista». Sí, el mensaje revelaba ahora toda su verdad.

Pronto nos dimos cuenta de hasta qué punto dependíamos de ellos. Teníamos la batería casi agotada debido a los constantes esfuerzos por arrancar el motor. No queríamos agotarla del todo enviando mensajes de radio a menos que surgiera una emergencia. Había que esperar a que el motor la recargara, pero no podíamos encender el motor. Charles creía que el problema residía en unas bujías que se habían ensuciado durante el trayecto navegado en la víspera. Tenía que limpiarlas antes de arrancar. Además, la lluvia y el agua salada habían empapado el motor de arriba abajo, lo cual en modo alguno facilitaba las cosas.

Todo eso tratamos de explicar al radioperador en su siguiente visita al avión. Nos llevó mucho tiempo, casi toda la mañana. Él sonreía y decía «Ajá» en un tono muy educado y tranquilizador después de cada frase, como si lo entendiera todo a la perfección, pero luego, cuando ya estaba a punto de irse, volvía con una pregunta que nos devolvía al inicio de la explicación: «Radio... ah... roto...?». No es de extrañar que en Estados Unidos se corriera el rumor de que se nos habían roto la radio, el motor y el ancla. Muy bien habría podido pasar. El tiempo era demasiado malo y húmedo como para ponerse a trabajar en el motor, así que enviamos unos mensajes por su radio y seguimos fondeados con su ancla.

Por la tarde también empezamos a oler su comida. Desde la cocina salía un delicioso olor a pescado frito que estuvo flotando varias horas a nuestro alrededor. Llevábamos veinticuatro horas sin comer de verdad, y aunque teníamos bocadillos, galletas y chocolate de Petropávlovsk, empezábamos a estar hambrientos. ¡Seguro que nos invitaban a comer en el barco! Eran tan hospitalarios… Aparecerían cantando en algún momento. Esperamos mucho tiempo. Charles sacó el libro de instrucciones del motor y empezó a leerlo para matar el tiempo. Yo me puse a observar el barco. El Shinshiru Maru no daba señales de vida, pero el delicioso aroma seguía flotando en el aire.

—¿Qué crees que tienen para comer, Charles? ¿Pescado frito con arroz y mantequilla? —Seguimos esperando—. Creo que ya vienen…, ah, no, están fregando la cubierta.

Teníamos comida, desde luego, y no solo raciones militares de emergencia, sino también latas de judías y tomates al horno, pero para cocinar teníamos que desplegar el bote, inflarlo, sacar los remos, remar hasta la orilla, montar el hornillo, ¡y para entonces seguro que ya nos habrían invitado a comer! Sin embargo, los marinos cantores seguían sin dar señales de vida. Saqué mi libro de radio y unas notas sobre el tiempo en Kamchatka y las Chishima: «¡La media de días de niebla en agosto es de veintiocho!». Cielos, y estábamos a 20 de agosto. Era muy posible que ya hubieran pasado los únicos tres días del mes en que hacía buen tiempo. Tendríamos que quedarnos allí para siempre. ¡Y aún no habíamos comido!

A las tres decidimos abrir una lata de judías y un paquete de galletas. Tal vez anduvieran escasos de comida y por eso no nos habían invitado. Después de todo, ya habían hecho bastante por nosotros. En fin, nos las arreglaríamos con lo que teníamos. Las judías frías con galletas están muy ricas. Justo cuando terminábamos la lata, escuchamos un golpeteo de remos y… ¡el canto lento de los marinos! Con ademán culpable, nos limpiamos las migas de la boca y salimos.

—¿Comen… eh… con… nosotros… ah… en… baco? —preguntó el pequeño radioperador con una pequeña reverencia.

No dijimos ni palabra de las judías, tratamos de esconder las migas y la sonrisa como pudimos y aceptamos la invitación. Había acertado con el pescado con arroz, pero ni por asomo habría imaginado que nos ofrecerían unos huevos en polvo revueltos con jamón en lata especiales para la ocasión y dos tenedores occidentales en lugar de palillos.

La segunda noche en el avión fue de todo menos cómoda. Los japoneses nos habían propuesto dormir en su barco, pero rechazamos el ofrecimiento porque sabíamos que no tenían sitio y, además, queríamos vigilar el avión por si había tormenta. Dormir en el avión no tenía por qué ser incómodo. Había mucho espacio en el compartimento del equipaje, donde, antes de meter los tanques de los pontones, solíamos llevar un bidón de gasolina de setecientos cincuenta litros. La puertecita del costado del avión, por donde pasaban los bultos del equipaje, hacía las veces de ventana.

Teníamos el equipaje en el suelo, ordenado por capas según fuera más o menos mullido, lo cual componía una cama muy cómoda. Lo aprovechábamos todo, incluso los remos del bote, la caja de herramientas, las latas de comida de emergencia y las garrafas, pues había que rellenar un gran hueco entre los largueros de las alas para que la litera quedara al mismo nivel que las tablas del suelo de la cabina y poder así alargarla. Pusimos los remos y las latas al fondo, con sumo cuidado. Primero los remos, luego la caja de herramientas y los repuestos del motor, las latas de comida, las voluminosas bolsas de lona con el equipo de emergencia, el bote de goma, la tienda y varios rollos de cuerda de reserva; luego, los paracaídas plegados; a continuación, las mantas con ropa enrollada y nuestros trajes de vuelo a modo de colchón y, por último, el saco de dormir. Con toda esa parafernalia, no deja de ser extraño que a menudo notara, cual princesa del guisante, el canto de la caja de herramientas en los riñones. Aun así, dormíamos bien, con caja o sin caja.

Pero no esa noche.

Un tornado barrió el mar hacia el oeste. El viento embistió la cima de la montaña y pasó a nuestro lado levantando el mar agitado incluso en la orilla a sotavento. El avión no cesaba de balancearse, y nosotros con él, rodando de un extremo del fuselaje al otro. La ventanilla se abría y cerraba de golpe a cada sacudida, y entre los silbidos del carenaje me pareció oír el extraño zumbido de la radio. Unos débiles silbidos demasiado rápidos para que pudiera anotarlos me atravesaron la mente, como una ráfaga atormentada. De pronto, en mitad de la ruidosa pesadilla, oímos algo que sonaba como un lamento o un canto humano. Charles se arrastró hacia la cabina, abrió la escotilla y atisbó la oscuridad. Pese a la lluvia que le golpeó la cara, pudo distinguir una lucecita subiendo y bajando en el agua: ¡los marinos cantores! ¿Qué los llevó a salir en una noche como esa? ¿Estábamos arrastrando el ancla? Tal vez nos traían algún mensaje de advertencia. ¿Acaso el tornado había cambiado de rumbo? ¿Venía hacia nosotros? Observó cómo la luz se acercaba poco a poco y aparecía el barco negro sobre el fondo de agua negra. Los marinos empleaban toda su fuerza luchando contra las olas, tratando de llegar a nosotros. Colgándose del pontón, uno de ellos tendió un mensaje a Charles, que lo rasgó al abrirlo a toda prisa y lo leyó bajo la linterna: «El pueblo japonés desea darles una calurosa bienvenida a Japón y espera ansioso su llegada sanos y salvos».

—¿Eso es todo? —gritó Charles.

Estaba claro que no podían oírlo por el viento, pero como parecían aguardar una respuesta, garabateó unas palabras y se las dio. Aún incrédulo, trepó al interior del avión.

—¡No me digas que han navegado con esta tormenta solo para darnos ese mensaje de radio!

A la mañana siguiente descubrimos que, preocupados por lo que pudiera sucedernos, habían venido a amarrar el avión con un calabrote desde el barco; el mensaje de radio había sido un suplemento.

Esa fue la última noche que pasamos en aguas abiertas. Al día siguiente nos remolcaron a la ansiada bahía de Buroton. Me senté en la cubierta del Shinshiru Maru y contemplé el avión surcando las olas como una gaviota, con mi marido sentado atrás. Ya atardecía cuando por fin llegamos a nuestro destino, a ese puerto excavado en un volcán redondo que habíamos visto como una tentación muchas horas antes. «Bahía de Buroton muy aconsejable», nos habían dicho por radio. «Accidente de avión en la bahía de Buroton», resonó en mi mente una y otra vez el día que descendimos rugiendo entre la bruma de aquel monte en un intento de aterrizar. Sin embargo, ahora estábamos ahí. Las olas picadas se calmaron en el reflejo de las aguas, una vez que cruzamos la estrecha entrada. Las escarpadas laderas volcánicas nos rodearon, atrayéndonos hacia sí. La playa rocosa, la casa con techo de paja, la barca... Todo era tal y como lo habíamos visto desde el aire, en miniatura, solo que, por una especie de milagro, ahora nos veíamos reducidos a las mismas dimensiones de juguete que exhibía el pueblo.

Sin embargo, a la mañana siguiente volvíamos a ser gigantes calzados con botas de siete leguas. El motor, que rugía como nuevo tras varias horas de trabajo en las tranquilas aguas, nos elevó por el aire sin ningún esfuerzo. Una vez más, el puerto adquirió proporciones dignas de un jardín japonés. Los árboles se convirtieron en musgo, las rocas en guijarros y la casa con tejado de paja, en una casita de juguete. ¿Y aquellas figuras diminutas a bordo del barquito, agitando unos brazos como cerillas? Los marinos cantores, claro.

14
UNA CABAÑA DE PESCADORES

Había una vez un pescador muy pobre que vivía a orillas de un lago. Tenía una casita con techo de paja que albergaba a tres personas: él, su anciano padre y un hijo que lo ayudaba en las tareas. Cada mañana se apresuraban a salir al lago en su sampán de fondo plano y cada atardecer atravesaban los juncos con su captura para volver a casa, y la vida seguía con sus días idénticos. Una tarde de tormenta, mientras el pescador estaba en el bote, como tenía por costumbre, oyó un estruendo procedente del cielo. Un pájaro gigante sobrevolaba su pequeña cabaña. Al observarlo, este bajó hacia el lago, se posó justo delante de su casa, y un hombre y una mujer bajaron de su lomo y empezaron a hablar en una extraña lengua.

—¿Dónde crees que estamos?

—No tengo la menor idea, pero estaba bastante negro sobre Nemuro, y nos queda poca gasolina —replicó Charles bajando de la cabina—. Esto parece un buen lugar para pasar la noche, y creo que hay una cabaña un poco más allá.

Habíamos salido con el cielo despejado esa tarde, en nuestro tercer intento de llegar a Nemuro. Al encontrar la ciudad cubierta de niebla, dimos la vuelta, atravesamos un agujero entre dos nubes y aterrizamos en aquel lugar, situado en alguna parte de las islas Chishima, las mil islas de Japón. Estaba lloviendo a cántaros, y el mal tiempo nos impedía distinguir si estábamos en un lago o una ensenada. La masa de agua era larga y estrecha, salpicada de pequeñas islas cubiertas de hierbas. Varios juncos y sauces bordeaban las orillas, y los pinos crecían en la suave cresta de atrás. No podíamos ver si más allá se extendía el océano o la montaña, pero sí, lo cierto es que aquello del fondo era una cabaña. Conforme nos acercábamos a ella, después de unas cuantas sacudidas del motor, vimos un sampán saliendo de unos juncos y empujado por un hombre. Estaba descalzo, vestía con humildad y llevaba los pantalones remangados por la rodilla. Nos saludó con una inclinación, y nosotros sonreímos devolviéndole el saludo.

—¿Habla inglés?

Nos respondió con otra sonrisa y otra inclinación de cabeza. Nos quedamos en silencio un momento, preguntándonos cómo podríamos entendernos, pero él fue más rápido que nosotros y, señalando la cabaña, nos pidió que lo acompañáramos para ponernos a cubierto de la lluvia. Sonreímos de nuevo y le dimos las gracias. Acto seguido, nos dirigimos hacia el avión, tratando de hacerle entender que teníamos que hacer unas cuantas cosas antes de entrar en la cabaña. Queríamos avisar de nuestra posición a la emisora de Nemuro, pero ¿dónde estábamos? Charles tomó un mapa de las Chishima y bajó por el pontón hacia el sampán. Hizo una seña al pescador y ambos se inclinaron sobre el mapa, que hablaba una lengua propia.

—¿Dónde estamos? —intentamos preguntarle, señalando el lago y luego el mapa. El pequeño pescador puso el dedo con presteza sobre la parte baja del grupo de islas, justo encima de Kunashir.

—¿Kunashir? —preguntó Charles señalando el lago. El hombre sonrió y dijo algo a modo de asentimiento.

Estábamos exultantes por nuestro logro a la hora de comunicarnos, de superar las barreras de la incomprensión para tendernos una mano. Desenrollé la antena bajo el ala y llamé a la JOC: «Imposible… aterrizar… Nemuro… por… niebla… aterrizado… isla… Kunashir… llegaremos… a… Nemuro… mañana… si… tiempo… lo… permite».

El pescador no mostró curiosidad por la radio. Se sentó en el bote, a una respetuosa distancia, mientras el transformador canturreaba en el avión, pero cuando nos dispusimos a empujar el avión hacia la orilla, saltó del bote y se acercó con el agua por las rodillas para ayudarnos. La quilla de los pontones se detuvo por fin en el fondo encenagado, y el morro entre los juncos. Clavamos el ancla en la orilla y atamos las alas a unos tocones de sauce. El avión parecía tan bien amarrado que me pregunté si la brida tendría la suficiente holgura como para dejarle mordisquear unos retoños de sauce que brotaban a sus pies.

El pequeño pescador debió de percatarse de que ya habíamos terminado la tarea, porque repitió la invitación, señalando el bote y la cabaña. Esta vez asentimos y montamos en el sampán. Nos alejamos de la orilla y, al atravesar los juncos, llegamos a un pequeño canal justo enfrente de la puerta. Los dos pares de zuecos de madera que reposaban en el alféizar nos recordaron que debíamos quitarnos las botas llenas de barro antes de entrar, según observa la costumbre japonesa. Las dejamos fuera y entramos con los calcetines de lana.

En el centro de un cuarto totalmente desnudo había una lumbre de carbón ardiendo en un hogar junto al que estaba sentado un anciano en kimono, fumando una larga pipa blanca. Se quitó la pipa de la boca y nos hizo una reverencia sentado sobre las rodillas. Luego apareció un joven por la puerta justo detrás de nosotros, también vestido con un kimono. Todos nos inclinamos y tomamos asiento en un digno silencio. Entonces nuestro anfitrión nos preguntó, con el gesto de comer con palillos, si teníamos hambre. Ambos negamos con la cabeza: Charles porque no quería contagiarse de ninguna infección y yo porque, al no haber comida a la vista, trataba de ser tan cortés como el pescador. Silencio de nuevo. Ahora nos tocaba a nosotros. Charles sacó el mapa. Antes había funcionado, tal vez volviera a funcionar.

—Venimos de América —dijo en voz alta y clara marcando mucho la *r*. Los tres anfitriones, agachados junto al fuego, escucharon muy educados, pero no mostraron el menor destello de reconocimiento ante aquella palabra.

Otro silencio cortés.

—*Amérique, États Unis*, Estados Unidos[10] —balbuceé esperanzada en las únicas lenguas que conocía.

Los japoneses parecían un poco perplejos. Charles empezó a dibujar su propio mapa:

—Siberia, Alaska, Canadá, Estados Unidos. —Los japoneses observaron el dibujo. Aquellos nombres no tenían ningún significado para ellos—. Nueva York. —Señaló otro punto.

—¡Ah! —exclamó el chico, en un gritito de reconocimiento—. Nueva *Yok*. —Y los tres se pusieron a hablar exaltados.

Para entonces, Charles había terminado el mapa. Lo depositó en el suelo, en el centro del corro, y señaló con

[10] En español en el original.

el lápiz: Nueva York, Canadá, Alaska, Siberia, Kamchatka, Chishima, Kunashir, y de toda la sarta de nombres, ellos solo entendieron Nueva York y Kunashir. Satisfechos con nuestro logro, todos acercamos los pies mojados al fuego y sonreímos. La lluvia golpeaba sin descanso el tejado de paja, el anciano chupaba la pipa con tranquilidad y el chico se levantó y salió de la habitación con pasos suaves y diestros. Volvió con la pesca que había dejado fuera.

Fuera o no por la vista del pescado, el caso es que Charles cambió de parecer y, en ese momento, decidió que no había peligro de infección y que tenía mucha hambre.

—Espera, puedo decir una cosa —dije extrayendo un papel del bolsillo. Era una lista de palabras japonesas que me había enseñado el posadero de Shana, nuestra última parada. Eran palabras fáciles escritas tal y como se pronunciaban—. *¿Shokumotsu?* (¿Comida?) —leí con sumo cuidado. Todos escucharon atentos, pero luego se volvieron a Charles como diciendo: «Por favor, tradúcenos». Él volvió a recurrir al lápiz, esta vez para dibujar un pez de perfil con un ojo redondo en la cabeza. Lo mostró a los hombres mientras se señalaba la boca.

—Ah —dijeron al comprender, y se levantaron sonrientes para traer una pequeña vasija de pescado cocido y patatas que reposaba en una estantería justo encima de donde estábamos sentados. La pusieron al fuego para calentarla y nos dieron un tazón a cada uno con dos palillos lisos, tallados en hueso. El chico sacó un poco de arroz de un frasco hondo a un lado de la lumbre para servirnos. Para rematar el festín, el pescador abrió una pequeña lata de la estantería y sacó unas hojas de té. Con la mayor ceremonia, nos ofrecieron un pequeño bol de té sin asa, que tomamos con ambas manos y un ademán de gratitud.

Volví a atacar con la lista de palabras.

—*¡Oishi!!* (¡delicioso!) —dije entusiasmada, lo cual, añadido a la sonrisa, el dedo señalando el pescado y el obvio disfrute con el que daba cuenta de la comida, era difícil que no comprendieran.

Cuando terminamos, el anciano se inclinó hacia delante en su rincón y, con un gesto de gran dignidad, se quitó la pipa de la boca y nos la tendió. Los dos tratamos de expresar, sacudiendo la cabeza con una sonrisa, que rechazábamos el ofrecimiento pese a lo mucho que apreciábamos el gesto.

Sentimos que ya era hora de marcharnos. Lista en mano una vez más —soy una persona optimista—, dije: «tsukareta» (estamos cansados) alternando los gestos correspondientes: la cabeza hacia abajo, los ojos cerrados; luego añadí: «toko» (cama), con el gesto de las manos bajo la cabeza; e «hikoki» (avión) señalando la puerta. No llegamos a saber si los japoneses entendieron las palabras o los gestos, pero lo cierto es que se levantaron y nos acompañaron a la puerta con cortesía. Ahora bien, cuando, animada por el éxito, me planté en la entrada con un sencillo: «Arigato» (gracias), se quedaron mirándome desconcertados y otra vez se volvieron a Charles para que tradujera. Qué pena que no pudiera dibujar unas gracias.

Aun así, yo seguí empeñada en dárselas, tanto aquella tarde, cuando regresamos al avión atravesando los juncos, como a la mañana siguiente, antes de marcharnos. Lo dije una y otra vez, con todos los acentos y variaciones posibles, y por fin, justo cuando estábamos a punto de irnos, el pescador pareció comprender. Esbozó una ancha sonrisa y dijo: «¡Ah!, *arigato*» como si se hubiera sacado de la manga una palabra del todo desconocida, «¡Ah!, *arigato,*

arigato». Se inclinó sonriente y así pudimos despegar encantados con aquel logro definitivo.

Sin embargo, nunca he descartado que ese último acto, el aparente reconocimiento de la palabra, fuera su último gesto de exquisita hospitalidad.

15

EL PAPEL Y EL CORDEL DE LA VIDA

Cuando era niña me trajeron un regalo de Japón. La caja estaba envuelta en papel blanco aterciopelado y atada con una cuerda de papel roja y blanca. Bajo los pulcros ángulos del lazo había un alegre adorno de papel, como un pequeño abanico rojo. Cuando desenvolví el paquete, encontré una caja de madera suave y lisa como una castaña envuelta con un grueso cordón de seda bien atado. La tapa se abrió con un suspiro, mientras la suave madera pulida se dividía en dos para revelar la muñeca más exquisita que había visto en mi vida. Ya no recuerdo cómo era, pero sí recuerdo doblar el papel, el cordel, el abanico y el cordón y meterlos en la caja con la intención de guardarlos para siempre. Me parecieron tan bellos y preciados como la muñeca.

Mucho tiempo después, la primera vez que fui volando a Japón, pensé en ese regalo. La misma cualidad que me había encandilado de niña impregnaba, como un hilo dorado, muchas impresiones que recabé entonces para tratar de analizarla. Porque, aunque muchas otras características de los japoneses me resultaban admirables, esa cualidad era la que más envidiaba. Todo japonés llevaba dentro un artista. Ese toque estaba por todas partes, no solo en los tesoros de los museos, sino también en el kimono más sencillo, en los signos que trazaba el pincel al escribir, en los parasoles azules y rojos que florecían en las calles los días de lluvia, en los platos donde se servía la comida cotidiana. Empecé a darme cuenta de que incluso el papel y el cordel de la vida quedaban transformados por ese toque.

Un día que caminaba por una calle de Japón con una amiga, vimos a una mujer con un kimono de algodón azul y un bebé atado a la espalda parada en una esquina. Estaba lloviendo, y llevaba una gran sombrilla de papel blanco y azul posada en el hombro, un círculo blanco dentro de un círculo azul detrás de la cabeza, «como un aura», dijo mi amiga. Todas las mujeres llevaban sombrilla. Ese era el modelo más común. Nos detuvimos frente a una pequeña casa de té y caminamos por un estrecho sendero bordeado por una cerca de bambú. Avanzamos despacio hacia la casa y en la puerta nos recibió, de rodillas, nuestra anfitriona japonesa, saludándonos con una inclinación. Dejamos los zapatos en una repisa de madera, justo al lado de la puerta, y entramos en calcetines, atravesando la brillante estera de paja para subir unos pulidos escalones hacia el salón de té.

El salón de té —suelo alfombrado, paredes con puertas correderas de papel, un porche a cada lado— estaba fresco y vacío. Había varios cojines para sentarse. «Tiene que ponerse en el sitio de honor», y me llevaron hacia un cojín frente a la cuarta pared de la salita, donde había una recámara, la Tokonoma, con un pergamino colgado, como si fuera un cuadro, de las siete hierbas otoñales, muy apropiado para la estación venidera. (¿De verdad las hierbas japonesas son más bellas que en cualquier otra parte del mundo, o es que los artistas japoneses las ven de ese modo y las escogen para luego mostrárnoslas?). Nos sirvieron té en unas tacitas azules hechas a medida del hueco de la mano. La camarera volvió a acercarse e hizo una inclinación bajo el umbral. Nos traía abanicos, cada uno con una flor o un manojo de hierbas pintado. Nos sentamos en los cojines y escuchamos los árboles rozando la pared del porche y los gritos de los niños en el parque de abajo, cazando libélulas con unas largas y puntiagudas cañas de bambú.

«¿Conoces el poema japonés (*hokku*) sobre la madre que acaba de perder a su hijo?». Mi amiga me lo recitó:

> ¡Cuán lejos habrá hoy,
> me pregunto,
> perseguido mi cazador
> a las libélulas!

Bajamos al parque y atravesamos un pequeño vivero con macetas alineadas de crisantemos y pinos enanos. Una mujer regateaba con el jardinero por una cepa, del tamaño de la mitad de un dedo, para su jardín japonés en miniatura. Era justo lo que quería ver trepar por la piedra de su comedero.

Contemplé maravillada la apreciación japonesa por los elementos más pequeños de la naturaleza. ¿Será porque su país, repleto de montañas tan hermosas como teatrales, apenas permite las amplias vistas y obliga a mirar las cosas de cerca? ¿Acaso sus extrañas y bellas brumas, que a menudo caen como un telón de fondo tras un pino solitario, separándolo del resto del mundo, también los han enseñado a ver? ¿O es que los japoneses, que durante generaciones vivieron en casas de papel de un solo piso, han aprendido el lenguaje, el alfabeto del encanto de la naturaleza, mientras que nosotros, en nuestras casas de piedra y ladrillo, nos hemos cerrado a él? ¿O tal vez es que, en cuanto que artistas, ven más que nosotros?

Estuvimos en uno de sus museos. El caballero japonés que nos mostraba las pinturas desenrolló un pergamino, un esbozo de tinta que representaba la rama de un cerezo. «¿Ven cómo el artista ha pintado los brotes nuevos que salen de la vieja rama? Hay tanta vida en ellos. Puede verse la joven savia corriendo por su interior. Aquí tienen otro». Desenrolló el pergamino y lo colgó en la pared, justo delante de mí. Este contenía una acuarela. En la esquina izquierda se veían un pájaro aturdido y mojado por la lluvia y unos manojos de hierba y maleza en flor. El resto del cuadro estaba desnudo, pero esa desnudez no era vacío: estaba llena de espacio. Sentí que era la parte más importante de la pintura, como esos silencios en una conversación, tan poderosos que las débiles palabras que se alzan contra ellos apenas titilan, como estrellas ante la opulenta negritud de la noche. Pese a todo, en la pintura, aunque el pájaro y la hierba se veían de algún modo menguados por ese espacio, destacaban vívidos en su soledad, rodeados de un halo de quietud. Pensé que tal vez así era como los japoneses veían las cosas en la naturaleza, siempre con un halo de quietud y, por tanto, siempre bellas.

A mi modo de ver, esa apreciativa visión, que veía la belleza de lo más pequeño y convertía en belleza los actos más triviales, que resplandecía e iluminaba el papel y el cordel de la vida, hallaba su expresión más vívida en la ceremonia del té.

La ceremonia del té, tal y como me explicaron, casi podía considerarse un rito estético. Su observancia otorgaba una nueva apreciación al arte y la belleza de la vida cotidiana. De vez en cuando es necesario retirarse del trasiego de la rutina diaria. En un lugar regido por la quietud y la sencillez, podemos sentarnos con unos cuantos amigos y contemplar la belleza que nos rodea a partir del acto de compartir el té. Gracias a esa reunión podemos retomar la vida con la mirada fresca de un niño. El curador del museo estaba dispuesto a enseñarme una casa donde se celebraban ceremonias del té a la vieja usanza.

Era un día de finales de verano, y una lluvia fría goteaba lenta sobre las hojas caídas. La niebla ocultaba las colinas. Era uno de esos días en que, de repente, un cambio en la atmósfera detiene el tiempo. Un día fuera de temporada que frena la monótona cuenta hacia delante del verano, así como la propia rutina estival, de modo que, alzando la vista a los cielos grises, no solo nos preguntamos: «¿En qué estación del año me encuentro?», sino también: «¿Qué época de mi vida transito?», «¿Dónde estoy?», «¿Qué estoy haciendo?». Un día perfecto para la contemplación y para una visita a la casa de té.

Recorrimos el sendero con las ramas bajas rozándonos, y la lluvia, que había pisoteado en silencio las hojas, golpeó nuestras sombrillas de papel como un tambor.

—La casa de té siempre debe ser una estancia independiente de la casa, para dejar las preocupaciones en el otro lado y tomar distancia —nos explicó la profesora.

El sendero estaba verde de musgo y en parte oculto por unos árboles colgantes. Enseguida llegamos a una puertecita con marquesina y un banco techado.

—Aquí los invitados esperan a que el anfitrión esté listo. Nunca asisten más de cinco personas a la ceremonia del té. —Qué buen número, pensé. Si hablamos con más de cuatro, es una audiencia, y ya no es posible pensar o intercambiar pensamientos con una audiencia—. Y cuando está listo, los invitados acuden a su encuentro atravesando este jardín. —No era un jardín formal tal y como lo conocemos en Occidente. No había parterres ni flores, solo tallos de bambú, pinos pequeños y una linterna antigua de piedra. Y aunque cada piedra y cada árbol estaban dispuestos con sumo cuidado, la estudiada sencillez del conjunto brindaba al jardín un aire de belleza más natural que artificial. Al caminar por el sendero de piedra, me sentí en el corazón de un bosque.

—Las piedras deben estar recién rociadas con agua y escogerse con cuidado —prosiguió el curador—, porque el agua no debe secarse demasiado rápido. Por otra parte, tampoco deben estar empapadas, sino tener la humedad de una pera recién pelada. —No contábamos con ningún anfitrión que nos rociara las piedras, pero la lluvia las hacía brillar. Aunque estaban colocadas de manera desigual, sin seguir un patrón, era imposible caminar sobre ellas sin bajar la mirada y reparar en su belleza.

Cuando alcé la vista, estábamos delante de la casa. El curador se detuvo frente a un antiguo pozo de piedra.

—Ya veis, está cubierto de musgo por fuera, pero limpio como una patena por dentro, pues la belleza va de la mano de la pulcritud. Aquí es donde los invitados se detienen y preparan para entrar en la casa. —Aguardamos en el recinto, que ofrecía una muestra de la arquitectura japonesa más sencilla: una casa de una planta con tejado de paja, vigas de madera y paredes de papel—. Aquí, en esta estantería, es donde antaño el samurái dejaba su espada, pues en la casa de té se respira paz. El invitado lo deja todo fuera: su rango, su posición, su orgullo. (Ahí dejé mi sombrilla con discreción).

—La puerta es baja —prosiguió arrodillándose en el umbral—. Hay que entrar de rodillas, como gesto de humildad, y permanecer así también en el interior. —Todos nos arrodillamos en el suelo alfombrado de una pequeña habitación—. El salón de té no está hecho de piedra y ladrillo, porque la piedra y el ladrillo nos aprisionan. El lugar no debe encerrar nuestra naturaleza, sino ser un mero refugio en medio de la naturaleza. Los trinos de los pájaros se oyen fácilmente a través de estas paredes de papel. —Mientras hablaba, se oían los cantos de los grillos—. Y aunque el cuarto es sencillo, muestra unas proporciones exactas y adecuadas. Las ventanas no están todas a la misma altura, porque la variedad es necesaria en la belleza en la misma medida que el orden. La casa está hecha con los mejores materiales, pero los acabados son de lo más sencillos. —Las vigas de madera basta que enmarcaban la Tokonoma eran lisas y brillantes; me recordaron a una casa de muñecas—. Aunque la habitación no está decorada en el sentido que vosotros le dais, siempre alberga objetos de insólita belleza que el anfitrión ha dispuesto: un pergamino colgante que contiene un poema, una pintura de algún célebre maestro y un arreglo floral artístico. —La sombra de una rama fuera de la ventana temblaba levemente en la pared—. Mientras el anfitrión prepara el té, los invitados lo contemplan con respeto y aprecio, pues los gestos más simples y cotidianos exhiben una gran belleza: el movimiento rítmico de barrer, atizar el fuego, hervir el agua. —Levantó la estera, sacó un listón del suelo y nos mostró las cenizas de una estufa de carbón—. Los invitados toman el té en silencio, con la mente y el cuerpo serenos. —Se llevó la mano a la boca, en un gesto que sostenía una taza de té imaginaria—. Pueden contemplar la belleza del esmalte y la curvatura de la forma, considerar las suaves palabras y la filosofía del maestro de té al que antaño pertenecía esa taza, soltar sus pensamientos para que se fundan en el aire junto al vapor ascendente o bien reflexionar sobre la evanescencia de la vida.

Si pudiera quedarme aquí más tiempo y volver a casa bajo la lluvia, yo también aprendería a ver, pensé. Y después de observar minuciosamente la superficie de las cosas, también aprendería a ver bajo la superficie. Vería la esencia de un objeto, lo que tiene en común con los demás; es decir, aprendería el símil. Vería que una determinada piedra húmeda —como decía mi amiga japonesa— estaba húmeda como una pera recién pelada. Entonces aprendería la metáfora y vería en mi niño a un «cazador de libélulas»; y por fin aprendería el simbolismo.

—El bambú para la prosperidad, el pino para la larga vida, el ciruelo para el valor —me explicó una amiga japonesa.

—¿Por qué el ciruelo para el valor? —pregunté imaginando el valor como un gran roble.

—Sí, sí —respondió ella—. El ciruelo para el valor porque florece mientras el suelo aún está nevado.

16
UN POLIZÓN

Nos encontrábamos en el embarcadero de Osaka, a punto de abandonar la mayor isla de Japón. Nuestro avión, que había permanecido en el hangar durante nuestras excursiones en coche a Kioto y Nara, ya había salido en una basada, con el arnés amarrado a la grúa, listo para bajar al agua. En el cálido cielo de verano, justo encima de nosotros, zumbaban dos o tres aviones a modo de saludo. Estrechamos la mano de la fila de oficiales con uniforme blanco que teníamos detrás: «Gracias, gracias, *sayonara*», y saludamos con la mano a los de arriba. Nos volvimos hacia el avión para marcharnos. La hilera de fotógrafos colocó los trípodes y ajustó las cámaras. Salté a la basada y trepé por el costado de la nave, con Charles detrás, y empujamos los bultos de ropa que traíamos hacia el ala. Todo lo demás estaba empaquetado. Incluso los mapas, los cuadernos de radio y la comida estaban bien colocados en los huecos de mi cabina.

Charles permaneció en el ala y abrió la puerta del compartimento del equipaje. Cuando se agachó para recoger un bulto, advirtió que el equipaje no estaba como lo habíamos dejado. Siempre se encargaba él de la tarea, y se afanaba con orgullo en que todo encajara a la perfección y presentara una superficie plana cubierta por solapas de lona bien sujetas. (Nunca me permitía tocarlo, por si se me ocurría poner la bolsa de medicinas de emergencia o los instrumentos delicados debajo de la caja de herramientas o de alguna lata de tomates).

Enseguida vio que alguien se había entrometido en la tarea. No es que todo estuviera fuera de su sitio, pero había dos garrafas que claramente se habían extraído y estaban allí sueltas, encima del resto del equipaje. Se molestó un poco, pues los oficiales le habían explicado muy bien que no se le había permitido a nadie tocar el avión en nuestra ausencia. En fin, tampoco era muy importante. Abrió la solapa de lona para devolverlas a su sitio y allí, embutida entre el resto del equipaje, vio una cabeza humana, una cabeza oscura y rapada boca abajo. Hasta donde podía ver, no había cuerpo, puesto que no cabía. Al mover un poco más la lona, descubrió unos pantalones grises y las rodillas de un hombre, un polizón. Se volvió y me miró. Sin decir palabra ni mostrar la mínima consternación, me indicó que me acercara. Lo vi un poco serio. Bueno, a ver qué he roto ahora, pensé.

—Mira —dijo en voz baja. Miré y el corazón empezó a latirme más deprisa, al tiempo que susurraba como una tonta:

—¿Qué es eso? (La respuesta era bastante obvia).

Con los mismos gestos suaves, se incorporó para pedir a un oficial que subiera. Este no dudó ni un momento. Empujó el bulto hacia atrás y reveló más tela gris. ¡Un polizón! Llamó a otro oficial con tono brusco, y se apresuraron a subir dos. La calma expectante en que se había sumido la multitud antes del despegue se tornó en murmullo confuso. Durante todo ese tiempo, el bulto acurrucada en el compartimento del equipaje no se había movido ni un ápice. Ahora había al menos tres oficiales de uniforme en el ala y muchos más abajo, tratando de asomarse a ver. Todos se enzarzaron en un parloteo incesante que no comprendíamos. Al final, uno de ellos ordenó al polizón que saliera. No se movió. Empezaron a tirar de él. Era como la escena de *Alicia en el país de las maravillas* al revés: el lirón saliendo de la tetera, un proceso muy difícil.

El lirón, un chico de dieciocho años bastante grande, estaba rígido y encogido. Era evidente que se había metido en el avión la noche anterior para quedarse agarrotado en esa postura, y seguro que llevaba muchas horas con las rodillas bien apretadas contra el pecho. Se había doblado para meterse en el espacio ocupado por dos garrafas de siete litros. A base de muchos tirones, lograron sacarlo con la cabeza gacha y el uniforme de algodón gris de la escuela pública empapado de sudor: una estampa de lo más alicaída. Debía de haber estado muy comprimido en el estrecho compartimento. Bajo el brazo llevaba un pañuelo de colores, anudado y bastante sucio, donde —según supimos más tarde— guardaba unas gominolas. Eso era todo lo que llevaba encima, además de un billete de trece yenes en el bolsillo. Mientras lo sacaban del avión entre dos oficiales, lo llevaban medio a rastras a la dársena y luego lo metían en el hangar, no levantó la cabeza ni un momento.

Pedimos que el castigo no fuera muy severo. Era un chico desesperado que no quería hacer daño a nadie, no quería publicidad. No le importaba con quién o hacia dónde iba a volar, según descubrieron en el interrogatorio. No, nada de eso le interesaba. El asunto era mucho más sencillo. Era, de hecho, un polizón genuino que solo intentaba encontrar un medio de transporte. La vida en su casa no era fácil. Había leído en el periódico la historia del aviador venido de Estados Unidos que, con toda probabilidad, regresaría a su país. Era una oportunidad para escapar y llegar a América.

Lo cierto es que, por una ironía del destino, nosotros nos dirigíamos a China.

17
UN RÍO

Nuestra primera visión de China fue muy indicativa de la inmensidad del país que nos disponíamos a visitar. Fue una señal inesperada porque, al sobrevolar el mar Amarillo desde Japón, íbamos buscando tierra en el horizonte que se extendía por delante, aunque fueran los contornos montañosos del horizonte que dejábamos atrás. Sin embargo, mucho antes de que el azul oscuro de la tierra sólida asomara tras el azul vacilante del mar, China acudió a nuestro encuentro. Reparamos en cuán distintos eran los colores de las aguas de delante y las de detrás, separadas por una fina línea de demarcación donde las olas marrones se mezclaban con las azules. El lodo del río Yangtsé oscurecía el mar muchos kilómetros por delante. Nos acercábamos a China.

¡Qué río majestuoso, que nos llevaba a sentirnos tan lejos de la tierra, imprimiendo así su personalidad en su dios supremo, el mar! Le rendí pleitesía para mis adentros, pues intuía la presencia de un magnífico monarca. Y no me equivocaba. El río Yangtsé, conforme seguimos su curso regular a través de las llanuras agrícolas costeras de China, se reveló como uno de esos ríos que dan la impresión de ser los únicos y eternos soberanos de la tierra.

Tal vez los ríos sean los únicos elementos en el mundo que ofrecen su mejor versión desde el aire. Las cadenas montañosas, cuando no se ven de perfil, encogen hasta volverse hormigueros; los mares pierden el horizonte; los lagos ya no tienen profundidad, sino que parecen peniques brillantes en la superficie terrestre; los bosques se convierten en una fina capa provisional de musgo sobre una piedra mojada, muy fácil de quitar. En cambio los ríos, que en tierra se ven por trechos, como fragmentos de un lazo, se extienden serenos en el aire hasta allá donde alcanza la vista: se contemplan con su verdadera envergadura.

Derrumban laderas montañosas y deambulan entre llanuras de cultivo. Los valles se arrastran tras ellos, las ciudades los cabalgan, las granjas se les aferran, las carreteras y vías férreas los persiguen; y ellos permanecen impasibles, posesivos. A su lado, las brillantes carreteras de hormigón construidas por el ser humano con tanto cuidado lucen tan frágiles como serpentinas de papel arrojadas sobre las colinas, que enseguida se lleva el viento. Incluso las vías férreas parecen meros cortes de navaja; pero los ríos se han excavado en el rostro de la tierra durante siglos, y ahí seguirán.

Hemos visto el río Susquehanna cortando las crestas de los Allegheny, y hemos seguido el Misisipi cargando en sus alejadas orillas medio continente lleno de granjas con aspecto majestuoso. Hemos contemplado el curso del río Grande como una serpiente emplumada por los páramos arenosos del suroeste —franjas de arena dorada veteadas de agua, como plumas desde el aire—, y el inocente chorro del río Colorado, que reluce incongruente al fondo de un surco gigantesco en el rostro terrenal: «¿Y ese hilo plateado es lo que hizo el Gran Cañón? —nos preguntamos al verlo—. Imposible».

Profesamos un gran respeto por los ríos, que suelen ser amables con los que vuelan. A veces es solo un gesto de saludo entre viajeros recorriendo la misma región. Entre Kansas City y San Luis está el Misuri, que se curva en suaves círculos a la derecha. Una línea, una curva, una *s* dorada centellea, desaparece y vuelve a centellear. Qué placer redescubrirla, como una melodía recurrente.

A veces, no obstante, es más que eso. Es una mano en la oscuridad. Cuántas veces, al sobrevolar estrechos sin nombre en el oeste, el río se revela como una referencia incontestable: «¡El Cimarrón! ¡Bien! ¡Entonces hemos cruzado la frontera! ¡Estamos en Oklahoma!». Y de noche, cuando el universo entero parece un tazón lleno de oscuridad estrellado por todas partes, a medida que los ojos se acostumbran a la oscuridad surge esa línea, esa demarcación, una distinción en la consistencia de la sustancia de abajo, algo que contiene luz y reflejos: «¡Un río! ¡El Ohio!».

Hay ríos que nos han abierto camino a través de una cresta montañosa, túneles bajo la niebla que son un paso seguro, como el abra de Delaware. También existen incontables arroyos, a veces demasiado pequeños como para salir en el mapa, que nos han guiado entre las montañas. Si seguimos un desfiladero por el costado de una cordillera, el río siempre nos llevará de vuelta al valle que hemos dejado atrás. Si acaso lo perdemos por un momento para enfrentarnos a la tierra sin nombre, a los lagos y bosques que surgen en lo alto del paso, al cabo de un rato retomaremos el hilo plateado, el río que corre entre los peñascos en dirección opuesta: el oeste. Hemos cruzado la divisoria, volvemos al río.

Esta vez, sin embargo, no lo veríamos como un amigo, sino como un enemigo; no en paz, sino en revuelta. Lo veríamos en crecida, destruyendo las fértiles planicies que antaño forjó, rompiendo los diques, arrasando los pueblos y anegando los valles. Lo veríamos como un lago enorme, sonriente como un gato, terrible en su calma y su complacencia por los asolados campos y las casas de tantos millones de personas. Y de nuevo como un mar enfurecido, con las olas fangosas batiendo sobre las casas; o como una corriente turbulenta manando de una abertura entre diques. Y siempre un torrente rugidor en el centro de la zona más amplia de destrucción, más oscuro y turbulento que el resto; el verdadero corazón del río enloquecido de poder, arrasando cuanto encontraba a su paso: casas, árboles, barcos, ganado y ataúdes arrollados sin remedio en dirección al mar.

Las aguas amarillas del Yangtsé dominaron las pocas semanas que pasamos en China. Nos guiaron al interior del país y nos dejaron ahí, intentando calibrar la magnitud de los estragos. Nuestro avión era el único de toda China con alcance suficiente para inspeccionar los límites exteriores de la crecida. Así, seguimos el río Yangtsé una y otra vez en su hinchado curso y, al final, él fue el que nos sacó de China.

18
LA MURALLA DE NANKÍN

La muralla de Nankín es un rasgo dominante de la ciudad que casi parece un accidente geográfico. Los que vuelan son capaces de representar los lugares en términos puramente geográficos, y cuando recuerdo nuestra visita a Nankín, lo primero que veo es un río, una montaña y una muralla.

El río es lo primero que aparece en mi mente porque seguimos su ancho cauce durante muchos kilómetros, pesado e inevitable, siempre precediéndonos de camino a Nankín. También era el camino de muchos otros viajeros que veíamos desde arriba: grandes barcazas resoplando en la corriente, barcos de juncos muy pesados con sus velas cuadradas de color pergamino palmeadas como un ala de murciélago, balsas sobrecargadas e incluso sampanes como finas astillas, todos ellos de camino a los bulliciosos muelles de Nankín.

Recuerdo la montaña que se alza al este de la ciudad porque era muy típica de esa nueva región a la que nos acercábamos tras dejar atrás las llanuras costeras chinas. La interminable sucesión de pequeñas franjas de tierra desaparecía a medida que remontábamos el Yangtsé, e iban surgiendo colinas bajas en el horizonte. Se conoce como «montaña Morada» por su altura y su afilado pico, que constituye una referencia para los aviadores, anterior al humo de la ciudad o los contornos de la muralla. A medida que nos acercábamos, las suaves laderas parecían invadir la ciudad, al tiempo que el río acechaba desde el otro lado. Un elemento físico frente al otro, compitiendo a cuál más fuerte.

Entre ambos se alza la muralla de Nankín, que lanza su cuerda gris a través de colinas y campos, vías férreas y canales, cabañas de adobe y tejados alicatados, aleros y torres puntiagudas, calles atestadas y jardines con sombra, uniendo todo el paisaje de lo que a día de hoy conforma la capital de China.[11]

Una ciudad amurallada contiene una innegable cualidad majestuosa. Es solitaria como una isla, autosuficiente como un barco, inasible como una montaña. Parece atesorar los atributos de un monarca. Vista desde el aire, la ciudad de Nankín lleva su muralla como una corona.

En tierra firme, esta se vuelve aún más consciente de su majestuosidad cuando levantamos la vista hacia el almenar o atravesamos sus puertas gigantescas. El tráfico de Nankín fluye por calles estrechas y cruza puertas como el ojo de una aguja. Animadas filas de palanquines, harapientos abrigos azules de los porteadores ondeando con la brisa, mujeres y hombres ataviados con túnicas largas, vendedores balanceando sobre los hombros el peso del fogón y los cestos de comida, trabajadores con severos abrigos azules y pantalones remangados por las rodillas luciendo las pantorrillas desnudas y con tres o cuatro sacos de harina

[11] En 1928, el Kuomintang estableció la capital del país en Nankín, que a los pocos años se trasladó a Chongqing.

a cuestas, carruajes como la calabaza de Cenicienta, carretillas chirriantes, un niño tratando de vender dos pececillos estrujados entre las manos, una mujer con unas ramitas de aligustre oloroso… Todos desfilando por la calle empedrada hacia una de las puertas de la muralla de Nankín, coronada por un tejado de gabletes.

De camino al avión, pasamos por la puerta del este. Habíamos aterrizado en el lago de Loto, a las afueras de la ciudad. Las aguas se extendían hasta el pie de la muralla, como un foso medieval. En la orilla flotaban las ramas de los sauces, con el agua más arriba del pie del tronco, y los sampanes ahogaban las hierbas sumergidas. Ahí era donde habíamos fondeado el avión, donde acudíamos cada mañana para realizar los vuelos de inspección y donde lo dejábamos cada noche, con las alas naranjas atrapando la última luz del cielo al atardecer.

Por la mañana, la muralla era dura y gris, y cada piedra destacaba por su dureza, pero por la tarde las sombras del musgo y las enredaderas que crecían en las grietas le daban un rubor violeta, como si proyectara un reflejo de la montaña de enfrente. También enorme como una montaña, permanecía inmóvil en el crepúsculo, con el avión delante, pulcro y reluciente, levemente mecido por la brisa. Al observarlos así, uno frente a la otra, me pareció que ambos permanecían enzarzados en una discusión. No solo la sempiterna discusión de la juventud frente a la edad, sino también de la máquina contra el trabajo manual, de lo efímero contra lo duradero, del movimiento contra la quietud y de la ambición contra la aceptación. Una discusión perpetua. No sé quién ganó al final, pero cuando volvíamos a casa imaginaba sus ecos resonando una y otra vez:

—Soy una muralla. Muchas generaciones han cruzado mis puertas; oleadas de guerras y destrucción me han pasado por encima, pero aquí sigo: soy una muralla.

—Soy un avión. Soy poder y fuerza. Atravieso el espacio y hago carreras con el tiempo. Tú estás sujeta, pero yo puedo volar. Soy un avión.

—Soy una muralla. Tú eres un avión. Mañana te habrás ido, pero yo seguiré aquí… Una muralla.

—… Un avión…

—… Una muralla…

19
LAS INUNDACIONES

Antes de abandonar Japón nos enteramos de las graves inundaciones que asolaban el valle del bajo Yangtsé, pero no imaginábamos la magnitud o el carácter de ese valle. Solo quien haya estado allí puede llegar a comprender los estragos de los que es capaz una inundación.

Al observarlo desde el aire en nuestro vuelo a Nankín, vimos que no había nada que pudiera contener la riada. Las llanuras se extendían cientos de kilómetros a orillas del enorme y caudaloso río. La impresión de magnificencia es quizá semejante a la de cualquier otro río y su valle, pero al comparar ese río Amarillo con el Misisipi, enseguida nos percatamos de la diferencia. El valle del Yangtsé, pese a la inmensa extensión de tierra que ocupa, siempre parece atestado. Cada metro cuadrado de tierra está cultivado; no en amplios tramos como nuestras llanuras, sino en estrechas franjas de arrozales perpendiculares al río. No hay bosques ni tierras salvajes; solo pequeñas parcelas como patios traseros y, de vez en cuando, algún pueblo de chozas de barro habitado por miles de personas.

Al ver el paisaje, enseguida asumimos que en aquellas tierras no cabía el menor desperdicio, que la gente de allí vivía al día y nunca podía permitirse guardar nada: incluso las cáscaras de la cosecha y la hierba seca se empleaban para combustible, porque los árboles habían desaparecido mucho tiempo atrás.

Era una región donde las inundaciones sobrevenían para destruir cosechas, casas y gente, y en esa región fue donde llevamos a cabo la mayor parte de los vuelos de inspección, pues a nuestra llegada a Nankín nos ofrecimos a ayudar a la Comisión Nacional de Auxilio trazando un mapa de las áreas afectadas.

El primer día de vuelo abandonamos el fondeadero del lago Loto por la mañana y volamos hacia el este hasta la unión del río con el Gran Canal, entonces viramos hacia el norte. Al principio solo reparamos en los campos inundados a primera vista en la ribera, con los tallos verdes de la última cosecha asomando entre el agua; pero luego, poco a poco, nos fijamos en la cantidad de «lagos» cada vez mayores, hasta que, por fin, parecían formar un gran lago enorme que se extendía allá donde alcanzaba la vista. Fue entonces cuando me di cuenta, atónita, de que no era un gran lago, sino tierras inundadas, aunque no lo parecieran. Amplias y profundas, permanentes y en calma aterradora, daban la impresión de llevar allí una eternidad, y allí seguirían. (De hecho, no había esperanza de que las aguas se retiraran antes de la primavera siguiente, y estábamos a principios del otoño).

En los vuelos bajos, podíamos ver atisbos de lo que era la tierra inundada: campos anegados, cientos de aldeas bañadas en agua, muchas hasta los tejados, pueblos cuyos diques y murallas habían cedido y cuyas calles se habían convertido en canales; y en ciertos lugares, nada más que las copas de los árboles, con alguna que otra mancha marrón en la superficie, donde antes había un dique, una carretera o un pueblo con casas de adobe. En esos casos no nos atrevíamos a calcular cuántas vidas se habían perdido. No quedaba rastro alguno. En las zonas menos castigadas por el agua, la gente había construido diques de barro improvisados alrededor de los pueblos y guardado la cosecha en el interior. Sin embargo, era una lucha sin esperanzas, pues los muros levantados a toda prisa, que protegían un montón de chozas y de grano rescatado, enseguida se desmoronaban ante el constante chapoteo de las pequeñas olas azotadas por el viento.

En kilómetros a la redonda no se veía tierra seca. Casi todos aquellos que habían logrado escapar se hacinaban ahora en las ciudades de la periferia. Miles de refugiados habían construido chozas de hierba provisionales a lo largo de los diques que bordeaban el Gran Canal y por una carretera que emergía a tramos al sur de la zona inundada. No obstante, había miles y miles de personas que nunca conseguirían salir, pues sus casas habían quedado destrozadas por completo y ahora vivían en sampanes de fondo plano con un techo de hierba en un extremo a modo de cobijo. Atrapados en las antiguas calles de las ciudades o merodeando entre los campos inundados, los refugiados, al parecer, vivían únicamente con el escaso grano que habían salvado y la pesca ocasional.

Los pequeños sampanes impulsados por remos o pértigas parecían el único medio de transporte posible en la vasta región. Al contemplarlos desde el aire, como enjambres de jejenes en la superficie del agua, empezamos a darnos cuenta de la situación tan desesperada que teníamos delante. ¿Cómo podrían aquellas gentes hallar alivio tras lo ocurrido? El río no era lo bastante profundo para que navegaran barcos de gran calado. No había carreteras, y era muy probable que nunca hubieran existido. Casi no había grandes centros desde los que pudiera distribuirse comida, solo miles de aldeas aisladas —o lo que quedaba de ellas— extendidas por una región mayor que Massachusetts.

Había cosas que sí podían hacerse y la Comisión de Auxilio se encargaba de ello. Se podía llevar comida a los pocos grandes centros accesibles, así como medicamentos y asistencia para detener las epidemias que surgen sin remedio después de una inundación. Nosotros no podíamos ayudar en el transporte de la comida, porque el peso del avión lo hacía inasequible, pero sí podíamos llevar medicamentos y médicos.

Charles organizó la ayuda desde el día en que partió para Hinghwa. En nuestro primer día de vuelo habíamos visto la ciudad amurallada desde el aire. Estaba abandonada en medio de una zona muy inundada, y la tierra seca más cercana quedaba a más de cuarenta kilómetros al sur. La comisión decidió que la ciudad necesitaría tanta ayuda médica como cualquier otro lugar de la zona, y que ese podría ser un buen punto de distribución. Así, una mañana Charles despegó de Nankín con un médico chino, un médico estadounidense y varios paquetes de medicinas. Yo me quedé en tierra para ceder mi puesto a uno de los médicos. Despejamos el compartimento del equipaje en la medida de lo posible para aliviar el peso y dejar espacio al segundo médico.

En menos de una hora culminaron un viaje que, de otro modo, habría durado varios días por el canal. El avión aterrizó en los terrenos inundados, fuera de las murallas. Las únicas señales de vida sobre las tranquilas aguas eran unos sampanes deambulando solitarios. El médico chino los llamó y consiguió convencer a uno de los botes para que se detuviera, y otros se acercaron por curiosidad y se quedaron un poco rezagados. Despacio, el médico bajó de la cabina y subió al sampán. Luego hubo que cargar el paquete de medicinas con sumo cuidado. Una anciana lo cogió para colocarlo en el suelo del bote y se sentó encima con firmeza.

Los botes de alrededor se acercaron aún más; ya eran unos quince o veinte impulsándose hacia el avión. Hombres, mujeres y niños taciturnos y hambrientos miraban los paquetes y murmuraban entre ellos: «Comida... Debe de haber comida en esa caja». Unos rodearon el bote del médico mientras este se disponía a alejarse y otros se acercaron al avión.

Charles se quedó en la cabina y los instó a alejarse, pues un golpe de proa de los botes muy bien podía agujerear los pontones, pero nadie le hizo caso. A cada minuto llegaban nuevos sampanes atraídos por la extraña nave. Surgían de la nada como moscas en un día de verano. El médico estadounidense empezó a gritarles en chino que se mantuvieran a distancia, pero aquella gente hambrienta solo pensaba en una cosa. Con las manos en forma de cuenco, hicieron el gesto de comer con palillos. «Estos extranjeros tienen que entendernos, queremos comida». La palabra se propagaba como el fuego por un campo en un día de viento. Alcanzó el círculo exterior de los botes y la gente empezó a saltar de uno a otro hacia el avión, puesto que ya no podían impulsar los sampanes. Eran centenares, apiñados por todas partes. Los más cercanos estaban bajo las alas y la cola. En uno de ellos, junto al ala izquierda, ardía una peligrosa lumbre bajo el techo de paja. Los gritos no surtían efecto, ni en inglés ni en chino, y lo peor era que no cesaban de llegar nuevos botes. A lo lejos no se divisaba más que un grueso torrente de botes rodeando las murallas de la ciudad.

—¿Tiene un arma? —gritó el médico.

—Sí, un revólver del treinta y ocho —respondió Charles—. Pero seguro que alguien entre toda esta gente tiene un rifle. —Y echó un vistazo a los miles de rostros taciturnos y desesperados—. No creo que sea buena idea sacar una pistola en esta situación.

Aun así, guardó el revólver debajo del paracaídas y decidió no emplearlo a menos que empezaran a subir al avión. Muchos estaban colgados de las alas, los pontones y la cola, pero nadie había mostrado aún intenciones de trepar al interior.

De repente, un hombre se levantó y puso un pie en el pontón izquierdo. Como si se tratara de una señal, la multitud se precipitó hacia la nave. Ahora ya había otro hombre en el pontón derecho. Empezaba el abordaje.

Charles agarró el revólver y cubrió al hombre más cercano, que se detuvo pero no retrocedió. Charles se volvió hacia el costado derecho. Los que se encontraron ante la pistola vacilaron, mientras los del otro lado empezaban a subir. Agitó el arma rápido de derecha a izquierda, disparando al aire mientras se movía. Así, la gente a un lado pensó que alguien del otro lado había recibido un tiro, y él siguió moviéndose con rapidez, cubriendo a los más cercanos, hasta que la multitud empezó a retroceder.

Después de recobrar el aliento, los hombres junto al avión se dispusieron a localizar al médico chino, que había perdido el paquete de inmediato al poco de abandonar el avión. Se lo habían arrebatado del sampán para disputárselo como gaviotas por un trozo de pan. Varios hombres habían saltado a su sampán desde otros, y el bote se había hundido con el peso. Cuando ya hacía aguas, logró subir a otro. La multitud lo siguió, pensando que el paquete iría donde fuera él. Tres botes se hundieron con él dentro. En mitad de una isla de sampanes, con la gente peleándose y empujando a su alrededor, el médico asumió que no había esperanza alguna de rescatar las vacunas y llegar a la ciudad. Esperaba poder regresar al avión con vida. Al final convenció a un bote lleno de que había más paquetes en el avión y, cuando logró alcanzar la primera línea de sampanes, ¡se encontró con un revólver! Se puso en pie y gritó hasta que lo reconocieron y, cubriendo el poco espacio que tenía despejado ante él, alcanzó el avión y trepó a toda prisa hacia la cabina trasera.

Mientras tanto, el médico estadounidense levaba el ancla tan rápido como podía. No había tiempo para guardarla en la escotilla del pontón, donde solía encajar entre los rollos de cuerda, dispuestos a la perfección. Metió cuerda y ancla en el compartimento de equipajes y empezó a trepar a la cabina. Ya podían despegar.

Pero no: había un sampán justo delante, conducido por una pareja de ancianos. Charles levantó la cabina y los apuntó con el arma, y el médico estadounidense gritó:

—¡Apártense! ¡Vamos a matarlos!

Ninguno hizo el menor movimiento. La mujer los miró taciturna.

—¿Y qué importa? —dijo—. No tenemos nada.

Entonces el avión se meció levemente con el viento y dejó de apuntar al sampán. Charles arrancó y el motor emitió un rugido a modo de respuesta. Se elevaron sobre los campos inundados, los tejados derrumbados y los túmulos;

sin pensar en la dirección del viento, hacia cualquier sitio con tal de zafarse, sacudir esa estela de cientos de sampanes, esos brazos remando tan rápido como podían en un vano intento de seguirlos.

El avión se alzó sobre el agua con facilidad y rugió en su ascenso, trazando un amplio círculo. Gentes, barcos, campos y chozas fueron deslizándose bajo las alas y quedaron atrás. En solo unos instantes estuvieron por encima de todo aquel mundo inundado. La masa apiñada de sampanes volvía a ser un enjambre de moscas en la superficie del agua. Incluso la ciudad de Hinghwa —desde cuyas puertas aún emanaba un flujo de botes— parecía insignificante, una isla diminuta de tejados en la vasta área inundada alrededor.

Al contemplar desde arriba el punto del que habían despegado, los hombres del avión fueron conscientes de su milagrosa huida. Un momento antes estaban entre una multitud hambrienta: algunos tal vez subsistieran hasta la primavera y muchos otros morirían antes de que las aguas volvieran a su cauce. Ahora, sanos y salvos de camino a Nankín, tenían comida y techo asegurados, como en su propia casa. Aunque apenas unos segundos de tiempo y unos centenares de metros de distancia los separaban de la desesperación de abajo, en realidad se hallaban sin remedio en una especie de cuarta dimensión. Ambos mundos quedaban divididos por un abismo que, aunque no muy ancho, era profundo, peligroso e infranqueable, al menos para los dueños de aquellos sampanes. Los tripulantes del avión habían cruzado ese abismo con un gesto fácil y limpio, como pasamos del mundo de la pesadilla al de la realidad en el destello de un despertar.

Tenían una pistola, tenían un avión poderoso como el genio que invocamos y comparece al frotar la lámpara mágica. Y aun así, la magia descansa en el filo del cuchillo: una lámpara, un yesquero, un «ábrete, sésamo». Es un purgatorio entre el cautiverio y la huida, entre la seguridad y el peligro, entre la vida y la muerte. Sin un gatillo a punto de apretarse y un motor capaz de arrancar, los tres magos que volaban de regreso a Nankín habrían sido, sencillamente, tres hombres hambrientos y moribundos en una tierra devastada.

20
LA PAGODA MÁS BELLA

—Por cierto, la más bella pagoda de China se encuentra en esta región —dijo el hombre medio para sí mismo, medio dirigiéndose a nosotros.

Hablaba con suavidad, y muy pronto borró de nuestras mentes la estampa que acababa de brindarnos. Fue un breve lapso a otro mundo, un mundo en el que, por entonces, no teníamos tiempo de pensar. Estábamos hablando de las riadas. El grupo de investigadores de las zonas inundadas supervisaba la ayuda recibida, todos sentados alrededor de una mesa en Nankín y revisando los mapas con Charles. ¿Qué zonas necesitaban una mayor inspección? ¿Hasta dónde habían llegado las aguas en un punto determinado? ¿Cuán anegado estaba ese valle? Esas eran las cuestiones principales.

Así que nunca pregunté por la pagoda, y no volví a pensar en ella, aunque la frase quedó flotando en un rincón de mi mente como el principio de un cuento: «La princesa más bella del reino…».

No volví a pensar en ella hasta que un día la encontramos. No sé si era —de hecho, lo más probable es que no lo fuera— la pagoda de la que hablaba aquel hombre, pero no importaba. Era «la más bella pagoda de China», de eso estoy segura.

Fue al final del día. Habíamos sobrevolado los límites de las riadas y ahora nos encontrábamos en una tierra más salvaje, sobre un círculo de colinas. Ahí estaba. En el centro había un lago, y en el lago una isla, y en la isla estaba la pagoda, como en un cuento de hadas. Incluso el paisaje tenía tintes irreales, pues en aquel brumoso atardecer colinas e islas parecían sacadas de un antiguo pergamino oriental, y no estaban dispuestas según las convenciones de la perspectiva, una detrás de otra, sino como suspendidas, una encima de la otra, creando una especie de atmósfera, una estela del mismo tono.

La pagoda ya habría sido muy hermosa en virtud de su enclave, rodeada como estaba por tres anillos de tierra, agua y tierra, que le otorgaban un aire de templo encantado y allí enclaustrado por voluntad de algún mago. Engastada como una gema en su anillo, irradiaba una indescriptible sensación de paz y finalidad, como si al contemplarla hubiéramos alcanzado el final de un largo viaje o llegado al corazón de un misterio. Ese enclave, además, intensificaba la impresión de soledad. La pagoda estaba rodeada de silencio, y todas las cosas solas y rodeadas de silencio deben ser bellas. Como en el poema de James Stephens:

> Bajo un cielo solitario un árbol solitario
> es bello. Todo lo que es solitario
> es bello.[12]

---

[12] Del poema «On a Lonely Spray», en James Stephens, *Collected Poems*, Londres: MacMillan, 1926.

Aun así, no era solo bella por su enclave. Era bella por su estructura: un tejado curvado sobre otro en una torre que se estrechaba suavemente —tejados con aleros ascendentes como pétalos apuntando al cielo, como la campana colgante de un lirio—. Así, la mirada, aunque luego volvía a alzarse inevitablemente, conservaba la impresión de aquellos tejados inclinados. Y el placer de la vista era el mismo que surge con la escucha de esas canciones que suben y bajan y suben de nuevo a alturas desconocidas, el mismo motivo repetido una y otra vez en un nuevo pico; de modo que la pagoda, aunque encarnaba toda la paz y la quietud del mundo, al mismo tiempo sugería un silencioso crecimiento.

Era, como ya he dicho, la pagoda más bella de toda China.

La sobrevolamos tres veces y luego nos fuimos.

Una tarde en Nueva York, al cabo de unos años de nuestro regreso, acudí a escuchar a un viajero oriental hablar de China. Aquella calurosa tarde me estaba costando mucho descifrar sus palabras entre los quejidos de los cláxones entrometiéndose por las ventanas abiertas, cuando de repente empecé a escuchar, acuciada por un nombre, una conversación al otro lado de la sala.

Era un hombre que hablaba sobre la pagoda. La reconocí no tanto por su descripción como por la historia que contó sobre ella. Una historia que resonaba con una verdad tan convincente como esas melodías olvidadas que de pronto nos invaden la mente. Nos quedamos muy quietos ante ellas, esperando con una mezcla de terror y placer mientras se nos acercan bailando. Es imposible forzarlas. Y un paso anhelante hacia ellas podría asustarlas.

—Y la pagoda es tan bella que, una vez al año —prosiguió el hombre—, las demás pagodas de toda China viajan hasta allí para verla y arrodillarse ante ella.

21
EN EL YANGTSÉ

Estábamos a punto para el que iba a ser nuestro último vuelo sobre las zonas inundadas. El portaviones británico Hermes se marchaba en ese momento, y nosotros con él. Había sido nuestra casa en Hankou. Habíamos llegado dos o tres días antes con la esperanza de fondear en una orilla del río a buen resguardo, en un lago o en las tierras inundadas, pero no había lagos, y las riadas de las inmediaciones de la ciudad habían bajado demasiado como para poder aterrizar en los campos. El río, aunque todavía en crecida y peligroso por su enorme y turbulento caudal, era el único sitio donde poder fondear. Así, aterrizamos y luego nos acercamos al Hermes, amarrándonos primero a una larga cuerda que le colgaba de la popa, pero luego el avión, aunque bien atado, empezó a balancearse de un lado a otro por la fuerte corriente, entre los juncos chinos que bajaban con el agua. Temiendo que estos lo embistieran por la noche, el capitán del Hermes se ofreció a acoger el Sirius a bordo, y lo sacó del agua con el arnés y los aparejos que empleaba para sus propios hidroaviones.

Quedamos profundamente agradecidos. No solo era excepcional que un portaviones británico aceptara un avión extranjero a bordo, sino que, además, se encargó del trabajo adicional que eso suponía. El arnés no valía para nuestro avión y tuvieron que construir uno nuevo, sin tiempo para el desmontaje rápido que suele hacerse en estos casos: solo disponían de un ancho anillo de acero que podía engancharse a la grúa. Para soltar el avión después de haberlo bajado al agua, tenían que soltar el anillo del gancho, operación que no podía llevarse a cabo sin ocho o diez centímetros de holgura en el cable.

Cuando embarcamos por primera vez, todo fue muy bien. Mientras rodábamos despacio por la corriente y bajo la grúa, los mecánicos tuvieron tiempo de adaptar el anillo al gancho. Por suerte, apenas había viento, lo cual facilitó mucho las cosas. Con el motor arrancado pudimos mantenernos inmóviles a contracorriente. Aun así, la punta de un ala se hundió en el agua, quedó atrapada un segundo y luego se soltó cuando nos alzó la grúa.

Esos pocos segundos nos hicieron darnos cuenta del poder de destrucción que encerraba la corriente, aunque fuera el remolino inconsciente de un gigante dormido, y de hasta qué punto estábamos a su merced. Entonces caímos en la suerte que habíamos tenido hasta entonces en los ascensos y descensos del avión. Sin embargo, aquello era una emergencia. Los vuelos tendrían que hacerse de ese modo o no hacerse. En ese punto, casi todo el trabajo estaba hecho. Los aviones británicos habían cubierto todo el territorio alrededor de Hankou y nosotros habíamos alcanzado los límites más alejados de las inundaciones en todas las zonas menos una.

Ese iba a ser, como ya he apuntado más arriba, el día de nuestro último vuelo, y el primero para el médico chino que ese día llevábamos como pasajero. Se instaló en el compartimento del equipaje y, como no sabía nadar, decidimos que no subiera a bordo hasta que el avión estuviera muy bajo, para mayor seguridad. Esperó sentado en un pequeño bote cerca de la popa del portaviones. Charles y yo trepamos hasta las cabinas cuando el Sirius aún estaba en la cubierta. Un mecánico revisó cada una de las alas, que contaban con sendos chalecos salvavidas, pues el Yangtsé tiene muy mala reputación: «Nadie que se sumerge bajo su amarilla superficie sale con vida», nos dijeron en Hankou.

El avión se tambaleó un poco hacia delante cuando la grúa empezó a elevarnos. Varios hombres se colgaron de los pontones para estabilizarnos mientras nos mecíamos. Ahora estábamos por encima de sus cabezas, y ahora nos deslizábamos sobre los rieles hacia el agua de abajo. Surcar el aire suavemente propulsados por una fuerza exterior parecía tan insólito como peligroso, de modo que me sentí aliviada cuando por fin, tras un lento descenso, tocamos agua. Mientras remontábamos la corriente, con el motor en ralentí acelerado hasta convertirse en un rugido, todo parecía haber salido bien. Los hombres empezaron a soltar el anillo del arnés del gancho de la grúa.

—¡Soltad! ¡Más cuerda! —Gritos del avión al barco. Un hombre se aferraba al cable con todo su peso, mientras que el segundo luchaba contra el anillo y el gancho.

—¡No hay cuerda! ¡Imposible!

Nos estábamos alejando del barco muy rápido, y el cable empezaba a tensarse. Charles aceleró para intentar retroceder a contracorriente, pero el avión ya había virado con el viento y estaba orientado del lado de la corriente. Nos alejábamos cada vez más del portaviones. El cable seguía tensándose. Charles dejó de acelerar y apagó el motor. No servía de nada. Viramos aún más hacia un lado.

Estábamos fuera de control. La corriente seguía tensando el cable. Algo tendría que ceder.

Cayó el ala. Tocó con la punta en el agua y se hundió como un remo enorme, con la corriente arremolinándose en un lado. La gran superficie plana que detuvo la corriente y nos obligó a avanzar no solo se hundió, sino que también actuó como un remo.

—¡Prepárate para saltar! —gritó Charles con brusquedad desde la cabina delantera. Salí. Ya nada podía salvarnos. Estábamos en un ángulo, virando muy rápido—. ¡Salta!

Bajé la vista hacia la corriente cenagosa. En ese fugaz instante preparatorio para la acción, ese instante para dar cuerda a los resortes, solo recuerdo pensar: «Ahora averiguaremos si estos nuevos chalecos funcionan». (Se suponía que se inflaban al apretar una palanca). Apreté la palanca y salté. El ala oscureció todo lo que tenía delante al sumergirme en el agua. Recuerdo pensar con calma y claridad, sin asomo de miedo, como si viera la escena desde fuera: «Supongo que ese ala me golpeará cuando caiga», pero no me preocupaba. Me interesaba, por encima de todo, sopesar las posibilidades, igual que en un bote podemos pensar, juzgando de un solo vistazo: «De esta bordada no llego a la boya». Era una cuestión de hechos, no de emociones.

No es solo que no tuviera miedo, es que no tenía sensación ninguna: no me daba cuenta de que estaba en el agua, no me notaba mojada ni sentía que la ropa me pesara al nadar, ni siquiera me había fijado en que el chaleco no funcionaba. Como suele ocurrirme, no apreté la palanca lo bastante fuerte. No importaba. Flotaba y nadaba con facilidad pese al salvavidas desinflado que arrastraba tras de mí. Eché un vistazo alrededor y vi que Charles se me acercaba por detrás. Los dos hombres del Hermes nos llevaron río abajo hasta el bote salvavidas, donde pudimos acomodarnos y secarnos la cara. Tosí para expulsar el agua del Yangtsé que había tragado. «¡Llevo tres semanas lavándome los dientes con agua hervida, y ahora esto…!», pensé.

Pero ¿y el avión? Nos volvimos a mirarlo. Estaba del revés, aún sujeto por el cable de la grúa y con un ala y la cola hundidas en el agua. El arnés de acero había cortado la contrachapa de la parte superior del fuselaje al volcar, y los fragmentos rotos del ala sumergida pasaban flotando junto al bote. Por un instante me invadió el nauseabundo pensamiento de que el Sirius iba a romperse en pedazos ante nuestros ojos, pues estaba en las garras de una fuerza loca, incansable, incesante e irresistible que lo devoraría como el fuego devora una casa de madera. El infinito cuidado que se pone en construir un avión, la exquisita elaboración de la madera para las alas, la delicada precisión de los mecanismos para el motor y todo el trabajo, el verano entero que tardó en construirse, todo eso se perdería en unos segundos, con la destrucción del Sirius, que ya no era más que una caja de cerillas aplastada en la mano de un gigante. El río me pareció indecente en su afán destructivo, calibrando todas sus fuerzas contra nosotros sin propósito alguno. Fui muy consciente de la inmoralidad de esa fuerza erigida en las olas que se ensañaba destrozando una estructura bien construida. ¿Por qué ese afán en la mera destrucción?

Con todo, resultaba sorprendente lo bien que el avión aguantaba la contienda. Tenía un agujero en el fuselaje y varios en un ala, pero de momento no se le veía ningún daño importante. Aún podía salvarse, siempre y cuando lográramos enderezarlo con unas cuerdas y devolverlo a la cubierta. Charles se acercó con el bote y trepó por el fuselaje hasta alcanzar el ala que no estaba hundida. Ignorando los gritos de «¡Baja de ahí ahora mismo!», como un niño insoportable empeñado en subirse al tejado, consiguió sujetar las cuerdas al ala y la hélice. Una lancha de la cañonera enderezó el avión tirando de una cuerda atada al ala libre. Una segunda cuerda de la hélice al Hermes logró enderezar el morro que apuntaba contracorriente. Con el avión ya estabilizado desde tres direcciones distintas, la lancha comenzó a tirar.

Justo cuando el cable se tensaba, apareció un sampán río abajo lleno de chinos que iba directo a la lancha. Un par de golpes podrían enderezarlo para evitar el choque. Aún teníamos mucho tiempo. Un golpe en la dirección equivocada los llevaría directos al cable. ¿Podrían pasar antes de que el avión girara? No, se daría la vuelta justo cuando llegaran. La cuerda, al golpear el agua, derribaría a toda la tripulación. Caerían al agua y ya no saldrían. La mayoría de los chinos no saben nadar.

—¡Por el amor de Dios, detenedlos! —Gritos de alarma. Hombres agitando los brazos frenéticos. El capitán se levantó y gritó por el megáfono sin ningún resultado.

Los del sampán estaban confusos, desde luego. Había una pelea. ¿Por dónde tirar? Veían los brazos agitados en el aire mientras la corriente los acercaba cada vez más. De repente, alguien dio el golpe equivocado y decidió el rumbo: iban derechos hacia el cable, arrastrados sin remedio hacia la trampa. El avión se meció unos segundos con un ala en lo alto. La tripulación del sampán se deslizó por debajo de la cuerda sin dejar de gesticular. El avión vaciló, se inclinó hacia un lado y cayó con todo su peso. La cuerda restalló sobre el agua, justo detrás del sampán. Todos lograron escapar.

Esa noche, comentando las peripecias del día alrededor de la mesa, pensé en la tripulación china. ¿Se sentirían tan aliviados como yo tras haber escapado del peligro?

—Seguro que mucho más —me dijo alguien—. Han matado a tres demonios.

—¿Tres demonios?

—Sí —me explicó el hombre—. Muchos chinos creen que llevan tres demonios detrás, persiguiéndolos día y noche. Si saltan delante de un coche y este pasa rozándolos sin tocarles los talones, lo consideran una señal de suerte.

—Pero… ¿por qué?

—Bueno, el coche se ha deslizado entre ellos y los demonios, ha roto la cadena. Si el coche está un poco más alejado, solo matará un demonio, claro. —Sonrió—. Pero lo de hoy no deja margen de duda: se han librado de los tres.

22
SAYONARA

«Sayonara». Desde el camarote podía oírlos, en la cubierta del barco japonés, gritando a los familiares y amigos del muelle de Shanghái. «Sayonara», por la pasarela arriba y abajo y en la borda. Un barco de japoneses zarpaba de China para volver a casa, como nosotros. «Sayonara», las cadenas chirriaron y el silbato de aviso sacudió el barco. Las voces de fuera se elevaron en una estruendosa ráfaga, como una bandada de pájaros asustados, pero por encima del ruido de la muchedumbre siempre surgía una voz limpia y afilada, individual pero representativa de la masa, como ese rostro en primera línea que contiene el significado de la multitud entera: un solo grito, «sayonara». Tal vez la impresión venía aumentada porque era la única palabra en japonés que entendía: *sayonara*, adiós.

Volvería a oírla a lo largo de todo el viaje de regreso, puesto que cruzamos Japón en tren desde el extremo sur hasta Yokohama, donde embarcamos rumbo a Estados Unidos.

«Sayonara», un golpeteo de zuecos de madera por el andén de la estación, el frufrú de los kimonos, bebés atados a la espalda de sus madres, hombres acarreando cuatro o cinco fardos atados con *furoshiki* —pañuelos cuadrados de seda o algodón— de varios colores, ancianas de cara tostada oculta bajo un enorme sombrero de paja como un tejado golpeando el suelo con el bastón, un hombre anunciando a gritos su mercancía. En una de aquellas estaciones nos asomamos a la ventanilla e hicimos un gesto a un vendedor para comprarle un poco de té. Lo vertió de un frasco grande a una pequeña tetera de barro, como de juguete, con un platillo a modo de tapa y una taza invertida encima. «¡Dos, dos!», le gritamos, haciéndole señas mientras el tren arrancaba y empezaba a moverse a sacudidas. El vendedor corrió detrás con otra tetera balanceándose sobre el mango de alambre y nos la tendió a través de la ventanilla.

«¡Sayonara, sayonara!», gritaban los pasajeros que acababan de subir al tren. Una familia japonesa dispuesta a lo largo del pasillo se asomó por la ventanilla para decir unas últimas palabras. Ocupaban dos largos asientos situados en una pequeña plataforma que los separaba de la siguiente familia mediante un tabique. La madre y la niñera —o hermana mayor— iban vestidas con kimonos japoneses, el padre con un traje occidental, las dos niñas con vestidos de chalis verde con cuello de encaje irlandés y el bebé con ropita de lana. Ya se habían descalzado y, siguiendo la costumbre japonesa, estaban de cuclillas sobre los asientos de felpa azul. Auparon al bebé cerca de la ventanilla para un último *sayonara* y luego la monótona cantinela del tren, acelerando hasta convertirse en rugido, ahogó todos los demás sonidos. Ya estábamos fuera.

También fue un adiós para nosotros ese viaje a toda prisa a través de Japón para tomar el barco. Adiós a los arrozales aterrazados en los estrechos barrancos de las colinas, a los tejados de paja y las paredes de papel, al grano inclinado por el peso de la cabeza, a los campos de torpes hojas de loto agitándose sobre los altos tallos como elefantes de enormes orejas, al camino blanco que enfilaba la colina hasta un pinar y al destello rojo de la puerta de un santuario. Adiós a las aldeas cuyos estrechos callejones empedrados atravesamos con premura, llenos de tiendas donde cualquiera podía fisgonear a sus anchas, salvo en los rincones ocultos por cortinas ondeantes de toallas azules o letreros de tela y papel brillante a modo de bandera. Adiós a las sombrillas de papel azul bajo la lluvia y a los pequeños cazadores de libélulas.

Nuestro adiós definitivo no fue hasta que el barco zarpó del muelle de Yokohama, cuando la muchedumbre de japoneses apoyados en la borda de la cubierta lanzaron serpentinas a los que se quedaban atrás, en el muelle, una lluvia de brillantes fuegos artificiales. Los de cubierta sostenían un extremo de aquellos lazos coloreados de papel y los del muelle el otro, de manera que una resplandeciente red multicolor fue tejiéndose entre el barco y la orilla. Eso y las conversaciones a gritos, ininteligibles para mí, entrelazándose a ambos lados del abismo, formaron una cinta, un tejido de complejo estampado y rica textura que, durante unos segundos más, unió a quienes partían con quienes se quedaban. Luego el abismo de agua empezó a ensancharse entre el muelle y el barco, los lazos se tensaron hasta romperse y las puntas deshilachadas giraron indolentes en el agua, flotando junto con los finales inacabados de las frases. Entonces nada pudo cubrir el abismo más que un último *sayonara*.

La traducción literal de esta palabra de despedida es «pues así debe ser», lo cual la convierte en el adiós más hermoso que he oído jamás. A diferencia del *auf Wiedersehen* o el *au revoir*, no trata de engañarnos con esa bravata de «hasta que volvamos a vernos», no se sirve de ningún sedante para posponer el dolor de la separación. No evade el acto como el recio y condenado *farewell*, padre del *good-bye* y que en realidad significa: «sal al mundo y hazlo bien, hijo mío»; es aliento y admonición, fe y esperanza, pero pasa por alto el significado del momento, elude el acto de la despedida y oculta la emoción. Dice muy poco. En cambio, *good-bye* y *adiós*, «que Dios esté contigo», dicen demasiado. Tratan de cubrir la distancia hasta casi negarla. *Adiós* es una oración, un grito resonante: «No te vayas, ¡no puedo soportar que te vayas!; pero no debes marcharte solo, desatendido. Dios estará contigo. La mano de Dios estará sobre ti», e incluso —aunque soterrado, oculto, pero ahí, incorregible—: «Estaré contigo y te velaré siempre». Es una despedida de madre. En cambio, *sayonara* dice lo justo, es una simple aceptación del acto. Toda comprensión de la vida se sitúa en sus límites. Toda emoción ardiente se deposita detrás. *Sayonara* es en verdad el adiós que no se dice, el apretón de manos.

23
VOLANDO DE NUEVO

Estábamos en pleno vuelo, años después de nuestro viaje a Oriente. No era un vuelo largo ni importante, ni siquiera especialmente bonito: un simple viaje de Nueva York a Washington. No teníamos prisa y hacía buen tiempo; no tenía radio de la que ocuparme ni mapas que observar. Para mí era un vuelo sencillo, apartado de la consabida lista de responsabilidades y asociaciones del piloto acompañante. Podía estar ahí quieta, tranquila, y dejar que el rugido del motor me envolviera como una música. Latiendo según pequeños y monótonos patrones, la vibración me zumbaba en las plantas de los pies, en el hueco de la espalda; absorbía mi parte más inquieta y confortaba como una chimenea o una lluvia en el tejado. Podía mirar satisfecha la calma despejada del mundo de abajo.

También era un mundo nuevo, pues llevaba muchos meses sin volar, y los elementos que divisaba estaban revestidos de esa frescura vivaz de lo que vemos por primera vez. Pasaban como refulgentes e irrelevantes imágenes muy despacio bajo la rueda suspendida del avión. (Una colina boscosa como musgo, musgo suave y grisáceo que cruje entre las manos. La sombra de un olmo solitario tendida en el suelo, como un helecho prensado. Cedros puntiagudos y sus sombras como tenedores con púas —y es que, en ese mundo de superficies planas, las sombras adquieren la misma importancia que sus objetos—. Charcos en los campos como si la tierra resurgiera tras el diluvio, sacudiendo los hombros. Fachadas de casas golpeadas por el sol de la mañana, rectángulos y cuadrados radiantes como las caras de una piedra tallada).

La vista se me había desacostumbrado a esas vastas extensiones que admirar y picoteaba aquí y allá retazos de escenas, y no había acabado de abarcar una cuando ya se lanzaba a la siguiente. Las imágenes que me atraían estaban desperdigadas, no guardaban ninguna relación entre sí, no se veían ensartadas en un camino ni apiñadas en el hueco de la orilla de un lago. (Sombras, como trazos a lápiz, de los hilos del telégrafo; campos peinados con pulcritud; muelles, puentes y embarcaderos como piedras planas colocadas en el borde de un espejo; pájaros, partículas de arena flotando en el aire con suavidad; ciudades, repentinos destellos desde la ventana de un bloque de pisos o un coche circulando —qué extraño que el destello llegara tan lejos, como una mota de cristal radiante en un camino, una mota que refulge mucho más de lo que vale—).

No existían límites para la vista, para todo aquello que la mente era capaz de abrazar, salvo la línea algo borrosa pero inescapable del horizonte que teníamos delante; e incluso esa línea podía mirarse como un elemento ilimitado. Con un vistazo rápido a la brújula del cielo, se podía ver —o esa impresión daba— la leve inclinación de la superficie de la tierra. Sentí que, si me giraba lo bastante rápido, podría avistar aquellos campos llanos y colinas azules deslizándose por un lado del mundo redondo.

Aun así, no lo necesitaba, ya tenía mucho que contemplar. Una mañana clara y perfecta salvo por una ligera neblina en el suelo, solo perceptible a distancia, que, suspendida sobre la tierra, formaba un segundo horizonte por encima del primero, como si el mundo estuviera hundido bajo el agua y emergiera conforme transcurría la mañana.

Justo debajo de mí no percibía ninguna neblina. A través de las profundidades del aire claro y transparente, distinguí innumerables conchas brillando en el fondo del mar. (Las boyas recién pintadas y secándose al sol en el muelle eran pinzas de langosta escarlata. Los extremos de los muelles eran llaves en el lodo). Los objetos abajo diseminados no guardaban semejanza alguna con aquellos que formaban parte de mi entorno cotidiano. No tenían relación con la vida. Desarraigados y provisionales, parecían desparramados por accidente, deslavados con desidia por una gran marea y abandonados allí, fláccidos, brillantes y solitarios, para que los recogiera y ordenara siguiendo patrones de mi elección.

De hecho, ya formaban ciertos patrones —ese extraño patrón de un bloque enorme compuesto por las hileras de casas y duplicado por sus sombras; y el patrón circular de esos coches negros dirigiéndose a un punto central, como un hormiguero—, pero eran nuevos y distintos. Eran patrones que, desde las alturas, parecían triviales y gobernados por el azar, como los trazos indecisos en forma de enredadera que los cangrejos imprimen sobre la arena —¡qué lentos avanzaban aquellos cochecitos por los caminos estrechos como cintas!—. Y tras contemplar la vista de las minúsculas casas, los caminos, las estrechas líneas llenas de escarabajos negros, el hormiguero de tráfico, volví a reclinarme en el asiento y me pregunté: «¿Por qué? ¿Para qué todo eso? ¿Por qué la vida no es sencilla y tranquila? ¿Estuve de verdad ahí abajo ayer? ¿Y qué hacía?».

Podía quedarme así, sentada y quieta mirando la vida desde el aire y nada más. Volví a ser consciente de la magia fundamental del vuelo, un milagro que no tiene nada que ver con ninguno de sus propósitos prácticos —que atañen a la velocidad, la accesibilidad y la conveniencia— y no cambia con ellos. Es una magia más vinculada con lo que experimentamos contemplando una virgen serena o escuchando un coro tranquilo, o incluso leyendo un pasaje esclarecedor de un libro —tan esclarecedor e ilustrativo que llegamos a pensar que el autor ha dado al lector un balde con fondo de cristal para mirar a través de la ondulada superficie de la vida ese mundo aún permanente que existe debajo—.

Porque la vida no solo se percibe en esos nuevos patrones surgidos desde el aire, sino que se captura, cristaliza en una forma —la liebre queda atrapada en su salto en un panel de mármol—, se impregna en una veladura. No hay tara alguna, ni una grieta en la superficie; es un reservorio inmóvil sin ondas ni rizaduras. Esa mañana, al contemplar la vida desde el aire, sentí que la quietud descansaba como una luz sobre la tierra. Las cascadas de agua parecían sólidas y congeladas; las copas de los árboles estaban inmóviles; el agua del río manaba muy lenta, como una serpiente avanzando poco a poco bajo la piel reluciente. Todo estaba en calma: los campos, los árboles, las casas. Sea cual fuere el movimiento que regía todo aquello, estaba dotado de una lenta gracia: los coches a gatas, la piel ondulante del río y los pájaros sin rumbo como pétalos en el aire; escenas a cámara lenta que atrapan un momento de belleza extendida —un caballo en la cúspide de su salto— imposible de advertir en la vida, por lo rápido que fluye.

Y si volar, como el baldc con fondo de cristal, puede brindarnos esa visión, ese ojo que mira el mundo inmóvil bajo las olas agitadas, entonces siempre será mágico.

Apéndice 1

Equipaje de emergencia para aterrizajes forzosos en tierra

(Vuelo a Oriente, 1931)

Un revólver (calibre 38)
Un revólver (calibre 22) (incluido en equipo de emergencias del paracaídas)
Un kit de limpieza de armas
30 balas del calibre 38
150 balas del calibre 22
Una botella de limpiador
Un hacha
Un machete
Un fogón Primus
Una vaina de cuchillo
Una brújula (incluida en equipo de emergencias del paracaídas)
Una caja de aluminio con fósforos
Una tienda (con suelo de lona y puerta y ventanas de mosquitera)
Una red de pescar (de siete metros) (incluida en equipo de emergencias del paracaídas)
Sedal
Tres anzuelos curvados
Nueve anzuelos simples
Seis agujas
Dos cordones de tripa
Los plomos, si es necesario, se obtendrán del motor (tuercas, tornillos, etc.).
Un botiquín de primeros auxilios y medicamentos
Una botella de quinina
Suero contra la mordedura de serpiente y jeringa
Morfina

Dos sombreros con mosquitera (incluidos en equipo de emergencias del paracaídas)
Dos mantas (también usadas para enrollar ropa y ahorrar peso de maletas) (incluidas en equipaje personal)
Un poncho
Un impermeable
Un saco de dormir
Paracaídas que también pueden usarse como mantas adicionales si es necesario (incluidos en equipo de emergencias del paracaídas)
Dos pares de botas altas
Una sartén de aluminio
Un bote de aluminio
Cuerda (si es necesaria, obtenerla del paracaídas)
Dos monos interiores de lana gruesa
Calcetines de lana (incluidos en equipaje de vuelo personal)
Mitones (incluidos en equipaje de vuelo personal)
Gorras; usar los cascos como gorras (incluidos en equipaje de vuelo personal)
Bufandas; cortar del paracaídas en caso de emergencia
Abrigos; cortar de los trajes de vuelo en caso de emergencia
Ropa adicional (incluida en equipaje personal)
Equipo de radio portátil (incluido en equipaje de radio)
Comida y agua (incluidas en provisiones de emergencia)
Linternas y pilas (incluidas en equipaje de navegación)

Equipaje de emergencia para aterrizajes forzosos en el mar
(Vuelo a Oriente, 1931)

Un bote de goma
Un mástil (desmontado)
Dos remos
Una vela
Una botavara
Un tablero transversal para mástil

Una capota de goma para el bote
Dos infladores
Un juego de parches de goma (incluidos lámina de goma y tubo de pegamento)
Dos cantimploras Armbrust
Sextante, cronómetros y equipo de navegación (incluidos en equipo de navegación)
Provisiones (incluidas en provisiones de emergencia)
Agua (incluida en provisiones de emergencia)
Equipo de radio (incluido en equipaje de radio)
Ropa (incluida en equipaje personal de vuelo, equipaje personal y equipaje de emergencia para salto en paracaídas)
Una pistola de bengalas
Diez cartuchos (rojos)
Un hacha (incluida en equipaje de emergencia para salto en paracaídas)

Equipaje de emergencia para salto en paracaídas
(Vuelo a Oriente, 1931)

Dos paracaídas de asiento de seda
Una funda de lona para el cinturón
Una cantimplora de un litro de agua con bandolera
Un revólver (calibre 22)
50 balas del calibre 22
Un botiquín pequeño de primeros auxilios y medicamentos
Una brújula
Una navaja
Dos latas de raciones militares (250 gramos cada una)
Una caja de cerillas
Una red de pescar (de siete metros)
Anzuelos, ganchos y tripas
Carrete de alambre flexible
Dos sombreros con mosquitera

Provisiones de emergencia
(Vuelo a Oriente, 1931)

Una caja de galletas
Ocho paquetes de sobres de sopa
Un queso
Dos latas de leche en polvo
Un tarro de aluminio con paquetes de arroz con higos secos
Seis latas de tomates
Cinco latas de judías
Dos latas de cubitos de caldo
Una lata de carne en conserva
Una lata de lengua
Una caja de ciruelas
Una caja de galletas saladas
Un tarro de aluminio con judías secas, arroz y azúcar
Un tarro de aluminio con paquetes de sopa de sobre
Un paquete de sal
20 raciones militares (250 gramos cada una)
Tres garrafas (dos de 7 litros y una de 4 litros) con 18 litros de agua
Peso total de la comida: 20 kilos
Peso total de los recipientes llenos: 25 kilos

Equipaje de vuelo personal
(Vuelo a Oriente, 1931)

Dos trajes de vuelo con circuito eléctrico de calefacción
Dos pares de botas de vuelo (de lana de oveja)
Dos pares de calcetines de lana gruesa
Dos pares de calcetines de lana fina
Dos cascos de invierno
Dos cascos de verano
Dos pares de gafas
Dos pares de mitones (de lana)
Algodones para las orejas

Dos chalecos salvavidas (plegables)
Ropa personal

Equipaje personal
(Vuelo a Oriente, 1931)

Ropa y equipaje personal: 8 kilos cada uno. Total: 16 kilos incluyendo:
Dos mantas (para envolver ropa y equipaje personal)
Dos cuerdas de algodón (para atar fardos)
Pasaportes, permisos y certificados

Equipaje de radio
(Vuelo a Oriente, 1931)

Un transmisor estándar Pan American Airways con transformador y receptor tipo A. C. C (15 vatios de corriente continua y transmisor telegráfico)
Un juego de llaves
Unos auriculares
Una antena trasera
Bobinas transmisoras de frecuencias: 333, 500, 3.130, 5.615, 8.450, 13.240 kilociclos por segundo.
Bobinas receptoras para cubrir de 17 a 150 metros y de 600 a 1.100 metros
(La batería de almacenamiento del avión también se utilizaba para alimentar la radio)
Un radiogoniómetro (de bucle fijo)
Un radiotransmisor y receptor de emergencia completo para operación independiente (en una caja acolchada y hermética) (operada con pilas secas). Peso completo: 20 kilos
Un kit de reparación con tubos, alambres y cables, pesos extra para la antena, cinta, un peso especial para instalar antena de emergencia durante el vuelo, fusibles y repuestos varios
Un cable de antena de repuesto
Un higrómetro

Una lista de emisoras fijas en tierra (reducida)
Estaciones de ayuda en navegación (reducida)
Cuaderno, papel, lápices, clips y gomas
Linternas (incluidas en equipaje de navegación)

Equipaje de navegación
(Vuelo a Oriente, 1931)

Un sextante de burbuja
Dos cronómetros
Un cuaderno Weems para trazar líneas de posicionamiento
Un almanaque náutico
Una regla de cálculo
Un transportador
Separador de ángulos, plantillas de cálculo, papel, lápices
Cartas de navegación y mapas generales y específicos de la ruta
Planisferio pequeño
Una linterna de pilas (con cinco pilas y bombilla extra)
Una linterna con dinamo y bombilla extra

Equipaje de avión y motor
(Vuelo a Oriente, 1931)

Una bomba de achique
Dos mangueras para bomba de achique
Un embudo para gasolina y combustible (aluminio)
Dos filtros de fieltro para gasolina
Una manivela de motor
Un ancla de hierro
Un ancla de deriva
Una bolsa de lona para usar como ancla de emergencia con piedras o arena
Un cabo para el ancla
Dos cuerdas para los costados
Una luz de fondeo
Una lata de tetraetilo pesado

Una lata de aceite combustible ligero
Una lata de pintura bitumástica
Una plancha de duraluminio (para reparaciones de emergencia)
Una bolsa de remaches, pernos, tuercas, arandelas, etc. de duraluminio para la reparación de los pontones
Una bolsa de repuestos de la magneto
Una tapa de pontón de repuesto
Un hacha (para usar de martillo) (incluida en equipaje de emergencia para aterrizajes forzosos en tierra)
Un manual de motor y accesorios
Una bolsa de herramientas
Una pistola lubricante
Una llave inglesa de cilindro
Un mango de llave inglesa de cilindro
Una llave para bujías
Un mango de llave para bujías
Una llave ajustable de seis pulgadas
Una llave para la válvula de admisión
Unos alicates
Un cortafrío
Una llave para carburador
Una llave para ajuste de válvulas
Un destornillador de cuatro pulgadas
Un carrete de alambre de seguridad
Un taladro
Surtido de brocas de metal para el taladro
Una escofina
Varias hojas de sierra para metales
Dos llaves magnéticas
Una lima de tres caras
Un calibrador para ajuste fino de válvulas
Un rollo de tela de esmeril
Un medidor del tanque de gasolina de los pontones

Un higrómetro (incluido en equipaje de radio)
Tres bujías

El equipaje de radio del Sirius consistía en un transmisor estándar Pan American Airways, modelo 10C de 15 vatios de corriente continua y transmisor telegráfico con transformador y receptor tipo A. C. C. Además de la radio del avión, llevábamos un set de radiotransmisión y recepción de emergencia, guardado en una caja hermética y a prueba de golpes, que era completamente autónomo, diseñado para utilizarse en una balsa salvavidas de goma en caso de aterrizaje forzoso en el mar.

Ambos equipos fueron construidos e instalados bajo la supervisión de Hugo Leuteritz, ingeniero jefe de comunicaciones, que también se encargó de los planes de comunicación por radio en los vuelos.

Apéndice 2.

Cuaderno de bitácora

(Vuelo a Oriente, 1931)

27 de julio 20.00 GMT despegue en la bahía de Flushing, Nueva York.

21.25 GMT aterrizaje en Washington D. C.

28 de julio 17.30 GMT despegue en Washington D. C.

19.25 GMT aterrizaje en la bahía de Flushing, Nueva York.

29 de julio 17.50 GMT despegue en la bahía de Flushing, Nueva York.

20.20 GMT aterrizaje en North Haven, Maine.

30 de julio 18.06 GMT despegue en North Haven, Maine.

21.36 GMT aterrizaje en Ottawa, Ontario.

1 de agosto 14.50 GMT despegue en Ottawa, Ontario.

19.17 GMT aterrizaje enMoose Factory, Ontario.

2 de agosto 16.00 GMT despegue en Moose Factory, Ontario.

23.50 GMT aterrizaje en Churchill, Manitoba.

3 de agosto 18.47 GMT despegue en Churchill, Manitoba.

22.02 GMT aterrizaje en el lago Baker, Territorios del Noroeste.

4 de agosto 23.35 GMT despegue en el lago Baker, Territorios del Noroeste.

5 de agosto 11.10 GMT aterrizaje en Aklavik, Territorios del Noroeste.

8 de agosto 03.42 GMT despegue en Aklavik, Territorios del Noroeste.

10.07 GMT aterrizaje en Punta Barrow, Alaska.

11 de agosto 04.57 GMT despegue en Punta Barrow, Alaska.

10.15 GMT aterrizaje en la ensenada de Shishmaref, Alaska.

20.07 GMT despegue en la ensenada de Shishmaref, Alaska.
21.55 GMT aterrizaje en el puerto de Safety, Nome, Alaska.
14 de agosto 20.02 GMT despegue en el puerto de Safety, Nome, Alaska.
15 de agosto 06.55 GMT aterrizaje en la isla de Karáguinski, Kamchatka.
16 de agosto 01.45 GMT despegue en la isla de Karáguinski, Kamchatka.
06.02 GMT aterrizaje en Petropávlovsk, Kamchatka.
19 de agosto 01.39 GMT despegue en Petropávlovsk, Kamchatka.
07.45 GMT aterrizaje en la isla de Ketoy, islas Chishima.
21 de agosto remolcados a la bahía de Buroton, isla de Shimushiru, islas Chishima.
22 de agosto 05.14 GMT despegue en la bahía de Buroton, isla de Shimushiro, islas Chishima.
08.12 GMT aterrizaje en Shana, isla de Etorofu, islas Chishima.
23 de agosto 05.23 GMT despegue en Shana, isla de Etorofu, islas Chishima.
08.05 GMT aterrizaje en la isla de Kunashir, islas Chishima.
22.26 GMT despegue en la isla de Kunashir, islas Chishima.
22.54 GMT aterrizaje en Nemuro, Hokkaido, Japón.
25 de agosto 23.22 GMT despegue en Nemuro, Hokkaido, Japón.
26 de agosto 05.10 GMT aterrizaje en Kasumigaura, Tokio, Japón.
13 de septiembre 03.22 GMT despegue en Kasumigaura, Tokio, Japón.
06.27 GMT aterrizaje en Osaka, Japón.
17 de septiembre 03.58 GMT despegue en Osaka, Japón.
07.01 GMT aterrizaje en Fukuoka, Japón.
18 de septiembre 23.56 GMT despegue en Fukuoka, Japón.
19 de septiembre 06.10 GMT aterrizaje en el lago de Loto, Nankín, China.
20 de septiembre a 2 de octubre Varios vuelos de inspección por las zonas inundadas de China.

Después de volcar en el Yangtsé, el portaviones británico Hermes transportó al Sirius hasta Shanghái en su cubierta. En Shanghái embarcó en un buque hasta la fábrica de aeronaves Lockheed, en California, para someterse a una reparación. Además del vuelo a Oriente y varios vuelos por Estados Unidos, el Sirius realizó un vuelo de inspección de casi cincuenta mil kilómetros por el norte del océano Atlántico en 1933. Ahora se encuentra en el Museo Americano de Historia Natural de Nueva York.

Esta edición de *A Oriente por el norte*,
compuesta en tipos AGaramond 12/15 sobre
papel offset Natural de Torras de 90 g, se acabó
de imprimir en Salamanca el día 5 de enero de 2025,
aniversario de la muerte de Amelia Mary Earhart

Otros libros de viajes en Nórdica

El libro de las maravillas del mundo
Atlas novelado de los volcanes de Islandia
En busca del Vikingo Negro
La conquista de los polos
Imágenes de Suecia
Viaje a contrapelo por Inglaterra y Escocia
Viajes con Charley